胖东来，你学不来

明道 著

江苏凤凰文艺出版社
JIANGSU PHOENIX LITERATURE AND ART PUBLISHING

图书在版编目（CIP）数据

胖东来，你学不来 / 明道著． -- 南京：江苏凤凰文艺出版社，2025.8． -- ISBN 978-7-5594-9447-4

Ⅰ．F724.2

中国国家版本馆CIP数据核字第20254QH300号

胖东来，你学不来

明道 著

责任编辑	周颖若
特约编辑	范 娟
封面设计	呦鹿 阿漫
出版发行	江苏凤凰文艺出版社
	南京市中央路165号，邮编：210009
网　　址	http://www.jswenyi.com
印　　刷	三河市嘉科万达彩色印刷有限公司
开　　本	880mm×1230mm　1/32
印　　张	9
字　　数	169千字
版　　次	2025年8月第1版
印　　次	2025年8月第1次印刷
书　　号	ISBN 978-7-5594-9447-4
定　　价	69.80元

江苏凤凰文艺版图书凡印刷、装订错误，可向出版社调换，联系电话 025-83280257

前言
PREFACE

人红是非多！

继胖东来成为河南，甚至是全国的打卡点后，胖东来也招来了很多非议。首先是代购横行，自营的啤酒、大月饼、茶叶等全被代购抢空，真正有购买需求的老百姓什么也买不到，想买还得加价找代购，对于一直享受着胖东来优质服务的本地百姓来说，这体验简直是从天上坠落到地下，心里自然免不了有怨言。就像有的顾客所言："以前常去胖东来逛逛，但现在基本上不去了，因为人太多，体验感不好！"这抱怨甚至一度冲上热搜，可见大众对胖东来有多关注。

再者，胖东来内部员工的水平也是参差不齐的，尤其是刚入职的新员工，难免会在某些地方出现疏漏。就在2024年春节过后，服务人员"就锅尝面"事件就一度成为热点，让大众的视线全聚焦到胖东来。虽然问题很快水落石出，事实是首先"尝面"的服务人员刚入职，对岗位制度的认知和理解尚不深入，其次，她尝的是员工餐，而不是给顾客吃的。但不管怎样，不使用公筷和将尝过的面条再放入锅中就是不卫生，这说明员工对卫生要求的认识仍需提高。

可见，胖东来的进步空间还很大，就像于东来自己曾说过的："目前这种能力，给他们100分，我打的是几分啊？5分？我说1分都不值。因为什么？因为他们的专业很差很差。"你看，大众所认为的胖东来极致服务，在于东来这位家长的眼中，连一分都不值。因为他对自己的要求高，标准高，他希望企业上下都能成为各自领域内的专家。在这种高标准、严要求下，不管是员工，还是企业，就都有进步空间，所以在未来，胖东来的服务还会更极致、更专业，这是毋庸置疑的。

针对代购事件，胖东来也做了调整，也努力在解决，比如进行线上预约，比如缩短营业时间，等等。相信以他们多年的经营经验和解决问题的能力，代购问题很快会解决，胖东来还是原来的胖东来，为顾客提供最佳的购物体验，初心一直未变。

当然，除了调整购物策略和营业时间外，还要从本源上解决问题。大家为什么都涌向胖东来，为什么宁愿加钱也要从代购手里买胖东来的商品，因为胖东来的商品质量好，因为胖东来的服务好。人都有趋利的心理，哪儿好就往哪儿去。如果我们身边的商超企业都像胖东来一样，那大家就不会舟车劳顿地

前言
PREFACE

赶去许昌或新乡了。所以，问题的根源在于，企业要觉醒，要从"道"的层面向胖东来看齐，给顾客、给员工、给社会带去真正的价值。当"胖东来"式的优质服务与理念遍地开花，当你我身边出现各式各样的"胖东来"时，那么如今围绕胖东来所展现出来的诸多是非与问题，都将迎刃而解。

其实，这么多年来，于东来致力于开办总裁班，参加中国超市周的活动，深入全国各地的企业去考察指导，于东来一直在传道。他想把胖东来的理念和文化传播出去，让所有企业都具备良好的素质。当大家一样"红"时，胖东来的是非就少了，可以更加静下心来做经营，带给顾客更好的体验。

目 录
CONTENTS

胖东来，你为什么学不来

不可能人人都是于东来 / 003

爱与幸福的理念，你悟不透 / 008

不赚更多钱，你想不通 / 014

不轻易扩张，你做不到 / 019

做到以人为本，需要知行合一 / 025

向善而生：可以模仿，从未超越

利他——最智慧的经营理念 / 033

成为一家"健康"的企业 / 037

做慈善的背后，是企业向善的力量 / 042

胖东来经营理念中的儒商基因 / 047

员工的主人翁精神来自哪里 / 053

从上至下，只是在用心做事而已 / 058

拥有非权力性影响力有多牛 / 063

领导者的行为比制度更有说服力 / 069

梦想成为"胖东来人" / 073

与员工共富才能带来双赢

与创造价值的人一起分享财富 / 081

员工福利怎么算 / 086

给予尊重与爱，才能换来忠诚 / 091

"能干会玩"的胖东来员工 / 097

最高明的管理是培养员工的自驱力 / 102

让每一位员工都成为持股人 / 108

员工工资与企业成本之间的关系 / 113

企业只是大家共同致富的平台 / 119

目录
CONTENTS

4 为顾客着想不是说说而已

顾客说好才是真的好 / 127

用真诚赢得顾客的认可 / 132

唯有细节更动人 / 138

顾客甘愿买单背后的秘密 / 144

客户需要和企业提供 / 149

急购热线背后的创新服务 / 154

环境整洁背后的价值 / 159

商超企业也要有自有品牌 / 165

每斤水果百元中的秘密 / 171

5 没有服务，你拿什么竞争

服务就是竞争力 / 179

服务和产品一样重要 / 184

从"要我服务"到"我要服务"的转变 / 190

好服务赚的不是钱，是未来 / 195

物超所值的免费服务 / 200

服务不能进行流水线式培训 / 205

服务成就品牌 / 210

6 优质服务没有上限，更没有尽头

买卖结束，只是售后服务的开始 / 217

给顾客提供独一无二的体验 / 222

每一个贴心的小想法，都是服务的大创新 / 227

能传递快乐才是优质服务 / 233

服务态度与专业能力，哪个更重要 / 238

不断学习能提升服务能力 / 243

给顾客超出期待的服务 / 249

提供好服务，不等于一味迎合 / 254

优质服务源于换位思考 / 258

附录 1　胖东来大事记 / 263

附录 2　胖东来独家服务秘诀 / 267

1

胖东来,
你为什么学不来

对于胖东来到底学不学得来这件事，答案不重要，重要的是我们要学会什么？卖场是怎么装潢布置的，服务人员是如何极致工作的，这些细节，只要到胖东来的超市去逛一逛，总能学到几招。至于企业的规章制度和文化传承，胖东来也从不隐藏，在企业网站或微信公众号上全盘托出，谁想学习就学习，谁想照搬就拿走，对于大多数企业而言，这些方法是容易学会的。那什么学不会呢？根植于这些制度与服务背后的思想与格局，诸如平等、自由、爱、幸福……是不容易被他人学会的，这才是胖东来之所以能成为商超界"天花板"的根源。

不可能人人都是于东来

> 胖东来公司的目的是希望能成就更多人,就像学校一样,让更多人明白什么是生活,明白人应该怎样活。我们的企业今后要成为什么样的企业,是成为区域性最大的企业,或者成为全国性最大的企业,或者成为世界上最大的企业,还是幸福的企业。胖东来选择做幸福的企业,(因为)无论这个企业大与小,(只要)做着喜欢的事,创造着品质,(就能)为身边的人带来幸福。
>
> ——于东来分享

孔子曾说:"为政以德,譬如北辰,居其所而众星共之。"这句话是说:治理国家的人,只有修炼好自己的品德,以德服人,以德施政,才能像北极星一样,一直稳定地待在固定的位置上,而使其他星辰围绕在自己身边。借鉴到企业管理中,也是如此。在一个企业中，领导者的品格德行不仅影响着他的商业判断和决策，进而决定企业的兴衰成败；还影响着企业员工的认知，进而左右着企业在全行业及社会上的发展。通俗点说，企业"一把手"就是领头羊，你往哪儿走，员工就跟着往哪儿走；你心怀天下，员工也跟着关心社会。作为胖东来的"一把手"，于东来正是依靠自身德行所产生的强大人格魅力，而带领企业发展得风生水起。

也许会有不少人好奇，品德如此高尚的于东来出生在什么样的家庭呢？是不是含着金汤匙出生，接受过良好的教育？其实不然。出生于1966年的于东来是家里的老四，他还有两个哥哥和一个姐姐。为了养育四个孩子，父母只能拼命地工作赚钱。而对于孩子们的照顾可想而知，肯定很少。没有父母的严格约束，孩子们的成长非常随心所欲。初中还没读完，于东来就辍学了，理由就是不爱念书。父亲没有过多劝说，在老人的想法中，不念书就去赚钱，正好可以减轻家里的负担。就这样，十几岁的于东来走上了打工之路。

他在工地搬过砖，在火车站卖过茶叶蛋，骑自行车穿村绕巷卖过冰棍。靠着灵活的头脑，虽说营收不多，但也能赚到钱。每赚到一些钱，他都会把其中大部分钱拿给姐姐，因为婚后的姐姐生活窘迫。在于东来看来，钱不算什么，没了可以再去赚。

但亲情是无价的，姐姐过得不好，自己心里也受煎熬。可见，出身一般，也没有高学历的于东来，内心是善良淳朴的，有这样的品质打底，即便走几条弯路，经受几次沉浮，也总能异军突起。

就像《品格的力量》一书中所说："我们判断一个人，更多的是根据他的品格而不是根据他的知识，更多的是根据他的心地而不是根据他的智力。"才十几岁的孩子，就能把辛辛苦苦赚来的钱贴补给亲人，那么日后，当他开始创业，舍财重义、厚待员工也就不难理解了。

成为一个成功的生意人也许不难，但成为像于东来这样，对钱没有欲望的生意人，恐怕不容易。因为在多数人看来，开公司做企业，不以赚钱为目的，那要以什么为目的？对此，于东来是这么说的："老想挣钱，老想出人头地，老想活得可有尊严，其实当你到了可有钱的时候，你就可有尊严吗？可有钱的时候，你不懂爱，不懂尊重，你更没有尊严，更累。"在他看来，如果金钱利益至上，那就无法获得幸福。也就是说，于东来带领大家做企业，赚钱是次要的，他最重要的目标，是想让大家获得幸福，自己幸福、员工幸福、顾客幸福，这是他的理想。可能会有人质疑，对自己家人好，想让家人幸福，这容易理解，但他真有那么高尚，能够为了大众的幸福而奋斗吗？答案是他没有那么高尚。能够成为现在高尚的"东来哥",于东来经历了很多次磨砺,很多次反思,就像唐僧西去取经一样,经历了九九八十一难后才修炼成正果。

1990年,24岁的于东来开了人生中第一家店,主营烟酒。靠着这个只有几平方米的小店,他达到了月入3000元的薪资水平。要知道,在那个年代,在许昌这样一个小城市,3000元的月薪已经不是小数目了。但人心不足蛇吞象,随着越来越多的钱进入口袋,他开始奢望赚更多的钱。于是他就开始倒卖假烟,琢磨如何获得更高利润。结果可想而知,因非法生意他不仅赔掉了之前的所有积蓄,还两进拘留所。经此一劫,于东来深深感受到,要想赚钱,就得守法,绝不能坑人卖假货,于是就有了后来的"以真品换真心"。当然,除了此事,他还经受了很多挫折,譬如开矿赔钱,打工被老板骗,等等。

经受挫折后,不同的人有不同的反应,愚钝的人可能会怨天尤人,一蹶不振;但智慧的人,能从中吸取教训,反思自己的行为,犹如拨云见日。 于东来就是后者。他从非法生意赔钱的背后,悟出了要当个本分商人的道理,要想稳当持续地赚钱,就得遵纪守法。同时从这件事中,他也看到了拥有很多钱和拥有尊严不是一码事,当他从销售假烟中赚到大钱时,同时也因被抓进看守所而丢失了尊严。他从被黑心老板骗钱的经历中，得出了不能坑骗员工，要对员工好的道理，因为他不想让跟着自己干的人成为当年那个落魄的自己。

所以，现在看淡金钱名利、传播爱与幸福的"东来哥"，不是一天炼成的。他也是个世俗之人，曾经有着世俗的欲望，只是在千帆过尽后，探得了"斜晖脉脉水悠悠"的境界。之所以说，不可能人人都是于东来，一是不可能所有人都有他的经历，二是不可能人人都能从人生经历中领悟到真理，三是即便领悟到了，你也有可能做不到。

经营之道

- 企业的领导者如同领头羊。领导者的格局有多大，企业发展的空间就有多广。
- 天下没有完美的人，高尚的品格多来自后天努力的修炼。

爱与幸福的理念，你悟不透

> 真正的幸福不是成功，是每一天我都很快乐。就像现在的很多企业家，都想要做大。其实那无非你就是一个利益的奴隶，或者是荣耀的奴隶罢了……但更多的人还以此为目标，以此为荣。所以我们应该去引导更多的人，找到真实的自己，找到自己真正喜欢的自己。就像胖东来在新乡一样，我们就想用这种文化，去影响更多的人，让更多的人感受到真诚，让更多的人感受到什么才是真正的美好。
>
> ——于东来分享

不管你是否去过胖东来，可能早已在铺天盖地的网络信息中知道了胖东来的标语，即"爱在胖东来"。把爱当作企业理念，在零售业中还实属罕见，毕竟又不是慈善机构，干吗用"爱"来标榜自己呢？对此，于东来是这么说的："我们做商场，并不是为了取悦别人而去做，而是为了让自己开心、让顾客开心，我们心中要有爱……"关于爱的理念，胖东来的《企业文化手册》中有明确的说明：爱自己、爱家人、爱员工、爱顾客、爱社会。

推己及人，再到整个社会，这就是"爱在胖东来"的"爱"所要表达的范围。为什么需要爱，爱可以做什么，于东来如是说："因为我们想要快乐、想要幸福、想要健康、想要整洁，我们真正想要自己过得更有品质，让我们的生命更精彩。"在于东来看来，爱可以指导大家获得幸福的生活。所以爱才是他们的企业理念，而非谋利。因为爱能带来幸福，可金钱不能。

"爱在胖东来"标语

世界级规模的连锁商超沃尔玛的企业理念中有这样一点："卓越的顾客服务是沃尔玛区别于所有其他公司的特色所在。向顾客提供他们需要的东西并且再多一点服务,让他们知道你重视他们。"沃尔玛想让顾客感受到被重视,可胖东来想让顾客感受到被爱。被重视与被爱,两种不同的理念,所催生出的服务肯定也是不同的。**作为消费者,你是想被重视呢?还是想被爱呢?相信大多数人会选择后者,因为爱的程度更强烈,被爱更幸福。**

当然,如果这个理念只是说说,胖东来可能就不会火出圈了。最难得的是,他竟然做到了,而且是从上至下,从老板到员工,十几年如一日地践行着"爱与幸福"的理念。在胖东来,爱的例子比比皆是,其中有一个被称为"四两荞麦面"的故事广为流传。

多年前,一位顾客抱着试试看的想法走进了胖东来。家中的母亲因为某些原因要用四两荞麦面,可这位顾客跑遍了许昌的大街小巷,就是没找到一家卖荞麦面的商店,当他走进胖东来时,也仅仅是想碰碰运气。正如他所想,胖东来也没有荞麦面,正当他准备离开之际,一位营业员非常贴心地问他到底想要买什么。这位顾客就把自己的需求简单说了,营业员笑呵呵地让他把电话留下,说如果买到了荞麦面,会第一时间联系他。

结果,这位跑遍了许昌也没买到荞麦面的顾客,第二天晚上就接到了胖东来员工的电话,电话那边的人气喘吁吁地说:"东西买到了,马上就给您送过去。"很快,一大包荞麦面送到了这位顾客手上,而且胖东来的员工还不收钱,只是说:"大娘生病了,这是我们应该做的,是我们应该表的心意。"后来,这位顾客把这包沉甸甸的荞麦面称了一下,哪里是四两,而是四斤。

这沉甸甸的四斤荞麦面,不仅是物品,更是胖东来人沉甸甸的爱。试想,哪一位顾客在感受过这样的经历后,能不被胖东来"俘虏",而成为企业的"死忠粉"呢!一次购买说明不了什么,也许顾客是冲着打折促销去的,也可能是冲着新店开业福利去的,但去过一次后可能就没有持续消费的动力了。然而胖东来不同,它已经与顾客建立起了深厚的情感,凭着这份独特的魅力,就算只买一包盐,或什么都不买仅去逛逛,顾客也会一而再再而三地光顾。

在奉行商场如战场的当今社会,企业把经营活动称为"商战",竞争对手是敌人,能排挤就排挤,能消灭就消灭;顾客是战利品,只要收入囊中就跑不掉了。实际上这可能吗?不管是竞争对手还是顾客,都是社会人,人性深处有压不垮的韧性,也有重感情的软肋,所以打压与争抢无法为企业带来长久发展,只有从人性出发,像胖东来一样,经营"真善美",才能获得更长久的支持。

对于胖东来"爱与幸福"的企业理念，很多人之所以无法悟透，主要还是摆脱不掉大环境的影响。确实，成为特立独行的人很难，成为特立独行的企业更难。但如果我们从商家与兵家的本质、原则等方面进行比较，不难发现它们有着本质的区别，商场就是商场，根本成不了战场。

首先，从本质上看，商家是以最小的成本谋求最大利润的个体，实现双赢是可持续发展的主要办法；兵家的本质是保存自己，消灭敌人，彼此间是不能共存的关系。

其次，从原则上看，商家的经营原则是诚信为本、公平交易、利义相融，在这些原则的加持下，商家要恪守商业道德，要遵纪守法；但兵家则讲究出奇制胜，没有规则，它虽然具有一定的道德性质，主张和平共处，平等自由，但一旦上了战场，就是胜者为王。

仅从这两点分析，商家和兵家就有着本质上的区别，商业活动中不能完全套用兵家策略，否则就会陷入不择手段和不计代价的罪恶深渊，从而远离诚信经商的本质。经营一家企业，首先要遵循诚信为本的原则，其次是像胖东来一样，传播正能量。这不仅是一个渐进的过程，更是思想上的一次升华。所以，关于胖东来"爱与幸福"的理念，目前能不能悟透并不重要，因为只要坚持诚信公正、遵章守约，企业在发展的道路上，一定会遇到更好的自己。

> **经营之道**

- 所有人都希望被爱，希望成为别人的唯一。消费者也是一样，他们希望从商家那里获得更多有关爱的感受，希望享受唯一的、不同于别人的服务。
- 商场不是战场，商家不是兵士。商业以诚信经营为本，以服务社会为本，以共存双赢为本。

不赚更多钱，你想不通

为了责任而去工作的时候，你的心里是背着包袱的，你会累、想不通，那你早晚有一天会生病，（一旦）有病，你就会觉得很痛苦，因为你觉得自己很委屈，是为了背着的责任而造成的疾病。如果你是因为喜欢，而造成得病，（你会想）谁还不得病呢，你会很豁达，不会纠结。今年的任务是完成1000万，可以。完成2000万，也中。在这样（喜欢和不纠结）的基础上，（你会）快快乐乐的。多挣就多挣了，不多挣也很美。今年（一个月）关了4天门，任务比去年下浮10%，属于正常，但增长10%，属于不太正常，如果增长11%，属于不允许。啥概念呢？完成去年的任务，这就已经是增长了10%以上了。今年（一个月）关门4天，还比去年卖得多，（这是）不允许的。咋办呢？那多简单，提前关门，减少营业时间，营业额不就下来了吗。

——于东来分享

在大多数人心中，做企业、开公司就是应该以营利为目的，或者说，营利是比较核心的目的之一，毕竟成本费、人工费等很多费用都需要企业来掏，不赚钱，没有营利，用什么来支付这些费用呢。此外，老板也是人，也需要养家糊口，做企业赚钱是他的谋生方式。这样通俗的道理，大众都懂，也都接受。

那为什么社会上很多企业被员工称作"黑心企业"，企业家被称为"黑心老板"呢？究其原因，是因为这些企业没有把握好赚钱的度，他们把赚钱当作唯一的目的，认为钱当然是赚得越多越好。所以，当胖东来不想赚更多的钱，并为此打开零售业的先河，每周二闭店，过年放假四五天时，不仅同行是蒙的，就连大众都想不通。这胖东来老板家里是有矿吗？连钱都不愿意赚啦？但你看完本节开篇于东来的分享，应该就明白他不想赚更多钱的初衷了。于东来为什么不想赚更多的钱，是因为他想通了！

他想通了人的一生，获得幸福、快乐和自由的生活才是终极目标，而赚钱只是实现终极目标的保障。当然了，每个人的人生观、价值观不同，所树立的人生目标也会不同。于东来想要追求的幸福和自由，也许并不是所有人都想要的。这也就是为什么他能想通经营企业不以赚钱为最终目的，但大多数人想不通的原因了。

现在，可能会有人质疑：这种观点是站着说话不腰疼。于东来之所以不以赚钱为目标，是因为他已经赚够了，就算他每年只拿企业利润的5%，那也有成百上千万，我要是每年能有这么多钱，我也能跟他一样想得通。但事实真的是这样吗？

有这样一个小故事，说一位记者打算做一个关于"舍不舍得"的选题，他需要随机找几位被访者接受调查。结果，前面接受采访的几位年轻人，都对世俗之物有不舍之情。后来，记者又找到了一位老大爷，记者心想：大爷年岁大了，历经世事，肯定会有更洒脱的认知。

记者就问老大爷："大爷，如果您有一架飞机，愿意捐赠给社会吗？"大爷想都没想就脱口而出："愿意。"记者心想，还是大爷觉悟高。于是又接着问："大爷，如果您有500万，愿意捐赠给社会吗？"大爷也回答得干净利索："愿意！"到了最后一个问题，记者问："大爷，如果您有一头牛，愿意捐赠出来吗？"这回，大爷没有说话，沉思片刻后郑重其事地摇摇头说："不愿意。因为我真有一头牛。"

人们对于自己没有的东西，总是很大方，但对于自己真正拥有的东西，往往难以割舍。在心理学上，有一个叫作"亏损厌恶"的名词，能很好地解释这种现象。何为亏损厌恶呢？就是人们在面对同等数量的亏损和收益时，亏损所产生的沮丧和不适感更让人难以接受。我自己曾有亲身的感受，在某银行买了几只理财产品，不管每天收益是多少，在过去的几年中，一直是稳定有收益的，可看到那个收益的数字，也并没有特别开心。但是在2022年，所有理财产品都暴跌的时候，那种恐慌和害怕的情绪让人无法自拔。明明知道，亏损的其实就是之前很多年的收益；也明明知道，投诉银行是没有用的，可就是控制不住想要询问和抱怨。

由此看来，割舍确实不是一件容易的事情。**能够舍得的人，一定是能够控制内心欲望、拥有某种大智慧的人。不赚更多的钱，从某种意义上讲就是一种舍得。**舍得不过度追求利益，让他人利益均沾；舍得与大家共享，一起过上更美好的生活。这些，不正是胖东来这个企业正在传播的理念吗？不管是客户、员工、合作方，还是所有社会中的利益相关方，胖东来希望大家都能分一杯羹，与所有人共享、共赢。这不是简单地说说，而是舍得背后的身体力行。

总之，要不要赚更多钱，于东来想通了。于东来也希望更多的企业和更多人都能想通，因为内心需求和价值观的平衡，能使个人、企业及全社会获得更稳定的发展。一花独放不是春，百花齐放春满园。在已经开启大门的"善商时代"，需要的不是一家独大，而是更多"不赚更多钱"的胖东来企业。

> **经营之道**

- 不赚更多钱的背后是一种舍得精神。能够舍得的人，一定是能够控制欲望、拥有大智慧的人。
- 喜欢自己的工作、喜欢自己的生活、认同自己的价值，这些比获得多少财富都宝贵，因为它们能让人内心安宁且富足，从而更接近幸福的状态。

不轻易扩张，你做不到

> 不要为了面子去做（企业），自己有多大能力就做多大的事，不管企业规模多大，你能轻松驾驭（最好）。（如果）驾驭不了，你就放下，（或）放下一部分，放到你驾驭起来很轻松的这种状态。
>
> ——于东来分享

创建于1995年的胖东来，前身是望月楼胖子店，从开张到今日的20多年间，胖东来仅在许昌、新乡拥有13家店面。以胖东来的资深阅历以及在全网的火爆程度，很难想象它为什么不扩大规模，毕竟网友们把"希望胖东来开到我家门口"都当作了新年愿望。有哪个企业能有如此定力，经受得住全社会的热情召唤。可于东来就是如此理智，因为他太了解自己，太知道自己想要的是什么了。

王慧中老师在其所著的《胖东来，你要怎么学？》一书中，曾将胖东来与同为零售业的大商集团从企业愿景、使命和价值观等三方面做了比较：

胖东来商贸集团

愿景：让我们这里成为商品的博物馆，商业的卢浮宫，再过10年至20年，胖东来放到世界的任何地方都是一流的，我们的事业也许不是最大的，但我们一定要尽全力把它做成最好的、最稳的、最快乐的。

使命：播撒商业文明，提升生活品质，分享生命快乐。

价值观：公平、自由、快乐、博爱。

大商集团

愿景：创建享誉世界的大公司。无限发展，即大商的事业永续发展、永无止境。

使命：无微不至，即大商的服务细致入微。永不满足，把顾客满意作为公司永远追求的服务宗旨。

价值观：不怕吃苦、乐于奉献、敢拔头筹、永争第一。

从以上资料中可以看出，胖东来想要的是小而优，而大商集团想要的是大而全。**如何提升品质，如何获得最稳定的发展，如何带领所有利益相关者过上更好的生活，如何引领大众追求自由、快乐、幸福等精神层面的需求是胖东来所追求的。**如果说做大做强是多数企业家的理想，那么于东来更像是一位哲学家，他想带领大家以物质为基础，获得更高层次的精神享受。当然，不同的人有不同的梦想和追求，做大做强和稳步发展本质上没有对错之分，就像于东来在多次对外分享中说到的，量力而行就好。

"在做事创业的过程中，我们为自己设定一个个目标，并通过大家的努力去实现它。在为目标奋斗的过程中，我们也不能忽视一路上的好景色，尽情地去体会过程、享受过程、品味过程。就像爬山，有的人排着整齐的队伍，沿着大道前进，有的人沿着崎岖的山路，唱着歌、边玩边爬，一样也能登顶。人生本来就是一个过程，值得我们好好珍惜。"在于东来的规划中，时间、规模、效率这些管理理念不重要，重要的是轻松、开心地登顶。如果在扩大规模的过程中，能够快乐地干着活、挣着钱，那就扩大规模；如果在扩大规模的过程中，感受不到好的情绪体验，全是烦恼，那就没必要这样做。新乡胖东来撤店的全过程正好验证了于东来的这种理念。

2015年底，位于河南省新乡市红旗区平原路139号的胖东来百货准备闭店，这家陪伴了新乡人民10年的零售企业已经跟这里的老百姓建立起了深厚的情感。为了不让胖东来离开，百姓挽留、市政府挽留，可于东来还是毅然决然地关停了这家店。说到关店，他在对外声明中提到了这两点：

其一，很遗憾，我也是喜欢个性和自由的人，有很强的对自由和个性信念的信仰与准则，觉得委屈自己也是对自己和他人的不尊重，为新乡付出了所有并没有实现真正想要的结果，可能是我选择放下的主要原因。

其二，这两年，从许昌店关店了以后，剩余的这些店都在整改，整个许昌的门店全部提升了。许昌现有的店拿到瑞士，拿到世界的任何一个国家，都很有品位……新乡那俩卖场我都不敢见，看见了我就感觉跟垃圾一样，因为跟自己的目标离得太远了。

在第一段对外声明中，不难看出压力和委屈是于东来选择放弃的深层次原因。这正好契合了他的经营理念，如果感受不到快乐和幸福的正向情绪体验，不如放弃。在第二段对外声明中，他进一步说明了原因，因为新乡的卖场离自己追求的高品质、高标准差得很多，他宁可关店不赚钱，也不要自己的经营理念被抹黑。也许会有人说，那是因为他不缺钱，才会做这种任性妄为、吹毛求疵的事情。这样的认知仅是看到了事件最表面的东西，其实经商的本质之一就是创造价值，从所创造的价值中获得利润，进而获得企业发展的源泉。至于你怎么创造价值没有要求，你可以靠数量取胜，也可以靠质量取胜。胖东来选的是后者，他们要走一条靠质量取胜的商路。

本节开篇引用的于东来分享的话，我们只选取了《多大能力做多大事——这样就能轻松驾驭》中的一部分，后一部分是这样说的："你要是做流通行业的，就规划好品类，每个品类应该选哪些商品……如果是制造业的情况下，你就做好产品质量。越是这样做，你可能走到这条路上就会越走越宽，越走越顺。真的不需要研发非常多的商品，其实几个单品就不得了了……最重要的是一个稳定，整个产品的质量（要稳定），就像可口可乐一样，像奥利奥一样，非常非常的稳定，这就是我们需要去改进的东西。"

讲到这里，大多数人可能都已经明白了胖东来不轻易扩张的根本原因，跟高品质、极致服务要价值而不是跟数量要价值，决定了他们的商业之路。其实，做大做强也好，追求品质也罢，这些因人而异的选择并不十分重要。只要遵循商道，能带领更多人共富，能引领向善的经营思潮，就是优秀的企业。

经营之道

- 创造价值,进而获得利润是商业的本质之一。至于要如何创造价值没有标准,可以研发很多新品,通过扩大企业规模来创造更多价值,也可以打造几款顶级产品,向高端优质服务要利润。
- 企业发展要量力而行,比起单纯地追求规模,幸福工作以及实现自由、快乐的个人价值更加重要。

做到以人为本，需要知行合一

> 不要把员工当成工具，要把员工当伴侣、战友，共同实现美好的目标。都是（企业）一分子，你是老板，你做主角；他是总经理，他做配角；员工做群众演员，共同来把这个戏演好，（使）大家都乐在其中。其实到最后（大家）都是主角，每个人把自己的角色扮演好，都是（自己的）主角，都会因自己美好的结果而感到喜悦和兴奋。
>
> ——于东来分享

说到底，企业无非就是一些人，聚在一起做一些事。既然与人有关系，就会说到那个永恒的话题：以人为本。什么是以人为本，从字面上很容易理解，就是将人的需求、权益和幸福放在最重要的位置。以人为本并非是空洞的口号，而是一种具体的管理理念和实践方式，通俗点说，一个企业不能空喊口号说"以人为本"，你得落地，即你打算用什么方式实现"以人为本"这个理念呢？只有做到知行合一，企业才能与员工建立起积极正向的关系。

对此，胖东来是这样做的：首先，给员工分钱。企业的财富是全体员工共同创造的，那么就大家一起分。让所有员工实现衣食无忧，基本生活有了保障就是以人为本。其次，给员工放假。人有各种各样的需求，有休息的需求，有玩的需求，这些都需要时间来保障，所以放假也是以人为本。最后，尊重员工。员工可以坐着工作，设置"委屈奖"给予员工鼓励，就算是做零售业的，也没必要非得点头哈腰，这就是胖东来给予员工的尊重，更是以人为本。

因为深知人性化管理背后所产生的巨大力量，所以胖东来将"以人为本"这四个字融入企业文化的血液中，并贯彻到底。说分钱就分钱，说分权就分权。员工的衣食住行，所有最基本的需求于东来都替员工想到了。**当最基础的需求被满足后，人才会产生良好的情感体验和自尊等更高阶的需求，用于东来的话来讲，就是"成为完整意义上的人"。**人非草木，孰能无情。当老板掏心掏肺真心对待员工时，员工也一定会报以忠诚和用心。当每一位员工都用心做事时，企业的发展肯定是蒸蒸日上的。

从胖东来这个优秀案例的背后，相信很多企业管理者已经领略到了"以人为本"理念的独到之处。那么如何在自己的企业中有效实施，或是从哪些方面去执行以人为本的理念呢？

第一，做到人性化管理。身为领导者首先要以身作则，要真诚地关怀和尊重员工。就像于东来所说："我根本不像企业的老板，我觉得自己始终像家长一样，有操不完的心……对待员工更多的就像对待孩子一样，总想让大家都过得很幸福。"此外，还要积极倾听员工的意见和建议，并做出及时的回应。同时，管理者应该注重沟通和保持企业决策透明度，确保员工了解企业的目标和决策过程。

第二，关注员工福利。企业要为员工提供合理的薪酬福利体系，确保每一位员工的基本需求得到满足。胖东来所执行的很多措施都是基于这一点，普遍高于同行的基本工资和丰厚的分红及奖金，以及普遍多于同行的假期和休闲策略，这是很多企业望尘莫及的。除此之外，为员工提供培训以及发展的机会也是福利体系中的一环，这些措施在提高工作效率和质量的同时，更能增加员工的自信心和忠诚度。

第三，工作、生活两平衡。虽说员工是企业的成员，但同时员工也是家庭及社会中的一员，所以企业应该关注员工工作与生活的平衡。现在有一些企业推行远程办公、弹性时间等策略，这些都是帮助员工平衡工作与生活的好方法。

第四，建立良好的团队关系。企业应该鼓励员工之间加强合作和交流，营造良好的团队氛围。定期组织团队建设活动和员工活动，增强员工之间的凝聚力和归属感。于东来曾说自己是个非常爱玩且会玩的人，所以他经常带着员工一起玩，在玩中减轻压力、放松精神，同时也增强团队的凝聚力。

第五，增强员工的参与感。让员工参与到企业的决策和改进过程中，让他们感到自己的声音被听到和被重视，这样能更好地调动员工的工作积极性。毕竟，仅口头宣传"把公司当家"是不够的，谁家的事务不是由自己家人说了算呢。得给员工建议权，得让大家参与到共建企业的过程中。

第六，嘉奖先进者。及时表扬和奖励员工的出色表现，让他们感受到自己的工作价值和贡献被认可。这样一方面能奖励优秀员工，另一方面还能激励大家向优秀员工学习。譬如，在2013年6月25日，胖东来举办了一场名为"榜样的力量"的表彰会，分别表彰了12位连续两年获得"三星级员工"称号的优秀员工。如果说，奖金、假期是给先进者的物质褒奖，那么开表彰会宣传优秀个人的事迹则是给人精神上的莫大鼓舞。

> **经营之道**

- 美国心理学家马斯洛提出的人本主义科学理论,也叫作五种需求层次理论,他将人的各种需求分为五个层次:一是生理需求;二是安全需求;三是社交需求;四是尊重需求;五是自我实现的需求。这五种需求依次序上升,只有最基本层次的需求被满足后,人才会去追求更高层次的需求。也就是说,只有衣食住行等方面的生理需求被满足了,人才会产生去追求进步、自由、爱与幸福的动力。
- 企业如何做到以人为本?要根据所处行业的特点,根据企业自身的特点,去制订落地可行的措施,并积极贯彻执行下去。

2

向善而生：
可以模仿，从未超越

有一些善是个体行为。在联商网主办的2023中国超市周主论坛——中国超市总裁峰会上，于东来说："作为企业，我们仅仅是做得善良了一点儿、真诚了一点儿，就被称为神话，这难道不是悲哀吗？"显然，极端的贪婪与竞争已经伴随商业文明走了很多年，人们早已慢慢淡忘了商业诞生之初的根本目的是满足人们的生活需求，而不是追逐利益。所以，胖东来开启的不是一扇全新的商业大门，他们只是回归了商业的本源，重新找回了满足他人的善念。

更多善是大势所趋。贫富分化、种族歧视、气候危机、全球性疾病、经济崩塌等现状致使全球商业必须改革，进而创造出一种更适合经济发展的模式。在戴维·库佩德和奥黛丽·塞利安合著的《企业向善：实现再次繁荣的领导力革命》一书中说："对社会注入更多的人性、公平、勇气、智慧，都是企业的向善行动。今天企业所做的每一件功德，可以永远在网上查到，这对企业没有坏处。"所以，不管是从单一企业角度，还是从商业变革角度看，企业向善才是为商之道。

利他——最智慧的经营理念

> 我做企业的目的是推动人类的进步，为人类的生活品质的提升而服务。我从刚开始带领我们这个企业，思想是很单纯，很简单的。（我就想）满足了我个人的生活保障以后，（我）就对员工好，就想着去造福更多的人。（我）想说对你们高层好一点，对员工好一点，等到你们生活好了，有钱了，也长大了，能力也达到了，你们会带领下边的人，一级一级地往下传。
>
> ——于东来分享

日本企业家稻盛和夫先生是"利他之心"的提出者，所谓利他，即除了关心自己之外，还要关注他人的需求和利益，愿意为他人付出，愿意帮助他人实现目标或梦想。其实，早在我国春秋战国时期，孟子就说过："爱人者，人恒爱之；敬人者，人恒敬之。"一个人用什么样的方式对待别人，别人便会用什么样的方式来对你。所以，人生中最大的赢家不是为了自己利益钻营的人，而是那些尽自己最大努力去帮助他人的人。用于东来的话说，做人要有"成人之美"的心。所以，在胖东来的经营中，时时处处体现着利他的理念。

首先，利他要利于员工。员工是企业的重要资源，对员工的关怀应被放在最重要的位置。怎么算利于员工呢？高工资、高福利、多休假，这还不算！如果真正把员工当作完整意义上的人，还得给予员工精神上的满足，满足员工成长的需求、学习的需求等，让员工在企业中能得到不断的成长。只有员工成长了，企业才有未来。

其次，利他要利于顾客。但凡是做生意的人，都深谙顾客至上的道理，尤其是做零售业，虽说利润来自差价，但也得先有人来买，才能将差价兑现。否则什么毛利、纯利、净利，都是空中楼阁。所以说，开拓新客户、留住老客户，是零售业亘古不变的经营要义。胖东来是怎么利于顾客的呢？第一，商品绝对保真，绝对优质。第二，服务绝对用心，而且是贴心。你想到的，胖东来绝对能做到；你想不到的，胖东来能帮你想到。第三，售后绝对无忧。例如那些看完电影能退票、吃完东西能退货之类的反常识操作，胖东来都帮大家实现了。他们唯一的想法不是自己挣没挣钱，而是顾客在消费中有没有体验到快乐和幸福。胖东来说"要把顾客当家人"，是真的做到了。

有这样一个故事：一个人开了一间米铺，以卖米为生，他为了赚更多钱，就在秤上做了些手脚。结果，每一位顾客从他那里买走的米，都不是足斤的。顾客又不傻，买一次上了当，便不会再去光顾。但小镇上人流不息，这家米铺总还有稀稀落落的生意。后来，米铺老板临终前把傻儿子叫到床前，对他说："现在的生意不好做，你找铁匠去打一杆八两秤，唯有这样，米铺才能继续经营下去。"傻儿子听后，按父亲的话去找铁匠。正直的铁匠当然知道这其中偷斤少两的猫腻，他就想给百姓们报仇，于是打了一杆一斤一两的秤给傻儿子。傻儿子接手米铺后，就开始用这杆新打的秤做生意，没想到的是，生意越做越好，顾客越来越多。因为大家都口口相传，说米铺的新掌柜绝对诚信，每次都多给一两，绝对不让大家吃亏。

这是一个显而易见的利他案例，在经营学中，利他就是最大的利己。让顾客受惠，顾客才会给你带去源源不断的利润。相反，让顾客吃亏，一锤子的买卖往往损失的不是一个顾客，而是很多很多信任。

最后，利他要利于社会。企业是社会的一部分，应该承担起相应的社会责任。在多次对外讲话中，于东来都着重提到了这一点，"做企业就是要推动社会的进步，而不是为了证明自己""企业存在的意义不是挣钱，而是通过挣钱的过程去成就员工、造福社会"。那怎样做才算是造福社会呢？除了做慈善、依法纳税等这些物质层面的东西，企业更应该成为社会中的榜样，带给人们真善美的体验，这是更高层面的利他。

管理大师德鲁克曾经说过："组织并不是为了自己而存在的，组织只是一种工具，用以执行某种社会功能的社会机构。组织的目标其实就是对个人和社会做某种贡献，贡献某种产品，贡献某种服务。"一言蔽之，任何一个企业的存在都不应是经营者的牟利工具，而应是一个能为社会创造某方面价值的存在。也就是说，**企业从本质上应该是利他的，要为社会创造价值，要给社会做出贡献。**

经营之道

- 利他之心、敬天爱人、做人何谓正确、付出不亚于任何人的努力是稻盛和夫管理哲学中的四大精髓。其中尤以利他之心在企业中应用广泛。不管从古至今，从国内到国外，利他都是企业成功经营的制胜法宝。
- 利他要有利于员工，有利于顾客，有利于社会。在相互成就中获得相互发展的动力。

成为一家"健康"的企业

> 做一个健康的企业,活出一个美丽的人生,度过一个浪漫的旅程,让你们的生命,阳光、性感、美丽、热情,像诗一样,像艺术一样,要达到这样一个状态……幸福是状态,状态就是好的环境,好的生活模式,好的生活方式。这个环境太美了,每个人自觉地就不会去伤害这个环境。环境会让你变得文明,环境也会让你变得美丽,环境强大了,人也会由不成熟慢慢变得成熟。
>
> ——于东来分享

通常情况下,健康多用来形容一个人的身体、精神等处于良好的状态。可于东来多次在公开场合提出,他希望胖东来能成为一家健康的企业,"我们做企业的底线,最起码要让企业健康成长"。当很多企业都以不断扩张、筹备上市作为经营目标时，于东来却另辟蹊径，不仅不扩张，甚至还在2012年底，陆续关闭了许昌的16家超市，这意味着他经营了很多年的连锁超市业态从此中断。对此，他是这样解释的："如果我们的能力还达不到带领那么大的团队，我们就会做得很累，如果我们不能让员工很好地成长，也不能照顾好我们的顾客，那么就把它关了。"

说到这里，我们不得不提到一个做事原则——量力而行。所谓量力而行，就是在自己的能力范围内做事，有多大的能力就做多大的事。在经营过程中，于东来始终秉持的一个原则就是量力而行。在一次访谈中，于东来说："你要问自己开这么多店干什么？因为你现在开三家店，父辈留下来的，最起码每年能挣个几十万也不错，你做LOGO的整个的提升，VI系统的提升，我觉得这是非常好的，最起码是跟上这个时代的步伐……在此基础上，你把目前的店给经营好，一步一步来，等到我们将来开这一个店，经营得特别好，然后顾客实在是满足不了了，在这个基础上，再开店你是轻松的。"也就是说，在量力而行的情况下，你的企业能获得稳步发展，你也能从企业发展中获得精神上的轻松与愉悦。在经营这样的企业时，经营者的状态是健康的，企业的状态也是健康的。

由此可见，做一家健康的企业，要充分了解自己，在充分了解自己的情况下才能做出较为合理的决策。不要盲目受外界环境影响，一心只想着做大做强，获得最大利益及荣耀。与胖东来的收敛自持相比，另外一家曾经火遍全国的餐饮连锁企业的现状发人深省。

20世纪90年代末，当于东来经历诸多波折终于在许昌开了望月楼胖子店，打算重振江湖之时。在江苏省常州市，还有一个人也几经波折，最终决定破釜沉舟，再试一次。他就是大娘水饺的创始人吴国强。最初，吴国强身负几十万的债务，在常州商厦拐角处开了一家饺子馆，因店里厨师是一位东北大娘，所以饺子馆更名为"大娘水饺"。大娘水饺因品控好、服务好，很快就获得了消费者认可。就这样，吴国强不仅还清了债务，还赚了很多钱。

在野心和巨大利益的驱动下，吴国强先将大娘水饺打造成江苏省的连锁品牌，然后又开始向全国进军。到2013年时，大娘水饺已经在全国开了450家门店，成为餐饮业中的明星品牌。人红是非多，大娘水饺爆火的同时，也引来了很多模仿者竞相夺利，可有些山寨品牌的饺子品质不佳，致使真的大娘水饺背了很多锅。这时，吴国强就想，饺子这种食物要想从品质、口味上做出创新并不容易，那不如就从管理和服务上入手提高，这种想法是没错的。但当时大娘水饺连锁店遍及全国，摊子铺得过大，靠吴国强自己的能力难以在管理上做出改变，于是，他就向外寻求帮助，与一家欧洲公司合作，他们帮助吴国强管理大娘水饺，条件是获得90%的股权。

后面的情况是大娘水饺并没有发展得更好，反而是越来越糟，那家欧洲公司的管理模式与理念在中国行不通，可卖掉了90%股权的吴国强已经失去话语权，他无法再插手企业管理。

有人说，吴国强是被资本给欺骗了。我们暂且不讨论外在原因，因为很多外在因素本质上也是由内因决定的。每一家企业在经营中都会遇到各种各样的困难，理智的经营者没有能力避免这些困难的发生，但有能力有效解决这些困难。当时，于东来为什么要毅然决然地关掉许昌的16家超市呢？他的回答再明确不过：因为超出了自己的能力范围，再开下去自己累病了，企业也不健康了。当自己管不了那么多家超市时，最好的办法就是关掉几家，等自己能力变强后再开起来，而不是靠什么所谓的野心、自尊心等苦苦支撑，用降低品质、降低服务质量或降低员工薪酬等方法来临时性解决问题。

所以，大娘水饺是被谁拖垮了不是重点，重点是从这家企业的兴盛到衰落，大家能够得到哪些启示。做大做强不是不可以，但要有计划，不能急功近利。而且，一旦遇到困难，领导者要有能伸能屈的本领，"不撞南墙不回头"是固执，并不是解决问题的方法。于东来关掉几家超市，又重开几家超市也不是重点，重点是要从胖东来闭店、开店的过程中看到做企业或做人要量力而行的原则。

因为量力而行背后所展示的是一个人健康的心理状态，"量力"是衡量自己的能力，根据自己的能力去做能做的事。 做自己能力范围内的事情，你不会觉得太累，即便偶尔感觉累，也是能够通过调整解决的。但做超出能力的事，你会感觉到压力，当这种压力长久背负在身上，身体和精神都会生病。一个人是这样，一个企业也是这样。从外因上讲，要成为一家健康的企业除了追求经济利益外，还要兼顾员工福利、社会责任、环境保护、文化塑造以及不断创新发展等。但从内因角度看，一家健康的企业必须是量力而行的。

经营之道

- 量力而行不仅是一个人的做事标准，也是衡量一家企业是否健康成长的准则。
- 做自己能力范围内的事情不是不思进取，而是有清醒的认知，并在做事过程中逐渐使自身能力增强。而随着能力的提升，就可以进一步做更高标准的事情。

做慈善的背后，是企业向善的力量

　　企业家不关心员工和社会，总认为把企业做大了就是关心社会，多交税就是关心社会，多做慈善就是关心社会。更多的慈善是拿着员工的尊严、人格、血汗去换取的，这样的慈善多么丑陋，自己还标榜自己的伟大。财富不仅是老板赚的，更是每一个员工的心血、价值和智慧。改革开放就是一部分人先富起来，先富逐渐带动其他人富裕，让中国变得更美好。但先富的人缺乏道德底线和认知，忘记了带动更多的人去走向美好，走向富裕、走向健康，而是把赚来的钱都装进自己腰包，以此证明自己的伟大，有价值。但其实这一行为是多么不成熟的行为，失去了人性中本应具有的善良。

——于东来分享

红顶商人胡雪岩曾这样说："无论为官为商，都要有一种社会责任感，既要为自己的利益着想，也要为天下的黎民百姓着想。"从古至今，中国商人都有乐善好施的传统。春秋时有范蠡，三次经商成为巨富，后又三散家财接济苍生；清代有王重新，为保一方百姓平安，倾尽家财修建郭峪村；近现代有爱国企业家陈嘉庚，不仅出资千万创建两所学校，还为抗日救国捐款集资。这些前人的例子提醒后世，**企业家积累财富不仅要善待自己，更要善待他人，为社会的发展起到推动作用。**

说到胖东来的慈善之路，起初还真有些慷慨激昂的英雄色彩。毕竟那个时候，于东来还很年轻，也不是很有钱，他只是满腔热血想为国家做一件事。

1996 年 3 月，河南许昌很冷，北京也很冷。所以，当三个衣着简朴，瑟缩着手脚的年轻人徘徊在中央电视台大门口时，保安曾一度觉得，他们可能是社会捣乱分子，所以对他们三个格外注意。这三个人是谁呢？他们就是于东明三兄弟，哥哥于东明，弟弟于东来，还有个小表弟刘红军。这三个人到中央电视台来做什么呢？

这还要从当时的世界局势说起。1996 年出现台海危机，美国军舰竟然蛮横无理地开到了台湾海峡，这消息一经电视传出，全国上下一片愤慨，这些人当然也包括于家三兄弟。他们坐在一起合计说:"咱们中国再穷,也不至于能怕谁……"很快,他们就有了讨论结果,那就是三人集资出2万元,捐给国家去造军舰。三人说干就干,凑齐2万元,就跳上了开往北京的火车。就这样,便出现了开头的一幕。正当他们在中央电视台门外踌躇徘徊,不知道找谁能把钱捐出去时,恰好一位记者刚出外景回来,碰到他们就随口问了一句。

三兄弟说明来意后,记者表示非常愿意帮他们。就这样,在记者的帮助下,于家三兄弟将2万元钱捐给了中国航天基金会。时任中国航天基金会副秘书长职务的陈广利回忆说:"他们穿的衣服很朴素,跟普通的农民无异。他们很痛快,说好不容易找到你们接受捐款的人了,心情很激动。他们的意思是,把钱从兜里掏给我们就行了。"后来,于家三兄弟捐款的事情被那位记者追踪采访,制作成了纪录片《三兄弟的故事》。

遥想1996年初,彼时的于东来再次创业不久,余钱应该不多。而且在那个年代,2万元不是一般家庭能拿得出来的。也就是说,三兄弟很有可能是倾尽所有积蓄,捐赠给国家。在这次个人行为的背后,是他们无私的舍得精神和崇高的社会责任感。于东来在《三兄弟的故事》中说:"每个民族都有民族自尊心,咱也同样有。咱们要拿出自己的积蓄,应援国家。"

最初,这是于东来个人的善念。后来,胖东来初长成,捐款应援国家便成了企业的善念。2003年，胖东来为抗击"非典"捐款800万元；2008年，胖东来为汶川地震捐赠钱、物总计近千万元，且第一时间组织起百人队伍参与救援；2010年，胖东来为玉树地震捐款100万元；2020年，胖东来为抗击武汉新冠疫情捐款5000万元，为抗击郑州新冠疫情捐款1000万元；2021年，胖东来为抗击郑州水灾捐款5000万元，为抗击新乡水灾捐款1000万元；2022年，胖东来为支援许昌抗击新冠疫情捐赠1000万元现金或物资……

这些巨额捐款的背后，不仅是企业经营者的慷慨大方，更是企业向善的力量。**胖东来所考虑的已经不是企业相关者权益最大化，不仅仅是让所有员工、所有利益相关者共富起来，更是实现整个社会效益最大化，实现企业的社会价值。**就像他们在宣传文化理念中所说的，"引领和推动社会向更加美好的方向进步""让我们这些企业家，能为这个社会带来美好的能量"。在胖东来，这绝不是说说而已，每一个字都掷地有声，成为具体的行动。

当然，群众的力量是巨大的，群众的眼睛也是雪亮的，谁在真真正正为大家做事，大家的心里清清楚楚，自然也不会亏待了他。在《企业向善：实现再次繁荣的领导力革命》这本书中，提到了一项在美国开展的社会调查，"有87%的消费者会因为某家公司支持了他们关心的事情，而购买其产品；有76%

的消费者会因为某家公司支持了他们反对的事情，而拒绝购买其产品；有 90% 的消费者在发现某家公司存在不诚信或不负责任的行为时，会联合抵制这家公司。"这项调查所昭示的道理，在胖东来这家企业中则变成了广大消费者的持续购买力。就像新乡一位老大爷说的："宁愿多走几里路，也要去胖东来购物。"也如很多郑州人，宁愿往返坐一个小时的地铁，也要去胖东来买东西。也许在不久的将来，全国各地都会出现胖东来的消费者。原因很简单，就像鲁迅先生说的那样："为众人抱薪者，不可使其冻毙于风雪；为未来开道者，不可令其困厄于荆棘。"**胖东来帮助了整个社会，社会中的每一分子必将尽力回馈，为这家美好的企业注入不断发展的活力。**

经营之道

- 企业家积累财富，不仅是为自己谋福利，更要为他人，为全社会谋福利，为推动社会的进步而奉献。
- 企业通过支持公共事业或福利事业，积极参与慈善捐款等活动，可以有效提高在社会上的知名度，实现社会价值，也能达到一定的广告宣传效应，为企业的进一步发展起到推动作用。

胖东来经营理念中的儒商基因

> 经历了很多磨难，走了很多弯路，知道钱并不是让人幸福的唯一的渠道。我只能说，你懂得了生活的美好，生活的这种道理，做事实在一点、认真一点，品质好一点，对人真诚一点、善良一点，那种才是幸福美好。内在的更有力量，在于你活得真实了，活得勇敢了，活得善良了，你自然就会让你自己感觉更加的从容，更加的豁达。
>
> ——于东来分享

儒家思想作为中国传统文化的重要组成部分，其影响力早已渗透至社会中的方方面面，当然也包括中国的商业。虽然说，儒家宣扬的仁义道德似乎与商业的利益至上之间存在着一种天然的隔阂，但经过儒学潜移默化的影响，中国商人自产生之初，身上就完美融合了传统的儒学思想和商业智慧，他们也因此而获得了一个全新的名字——儒商。

每一个中国商人身上都或多或少具备着某种儒商基因，于东来当然也不例外。在胖东来的经营理念中，"以真品换真心"的诚信经营，"舍得"与"爱"的社会责任感，都是儒家思想在商业领域中的体现和应用。具体还有哪些呢？

第一，诚信为本。儒商非常注重诚信经营，他们坚守承诺，信守合同，以信用为基础进行商业交易。他们认为只有自己先秉持真诚和正直的态度，才会赢得同伴及顾客的信任及支持。所以，在望月楼胖子店建立之初，于东来就打出了"以真品换真心"的招牌，他认为，靠着真诚对待顾客，灵活经营，质量有保证，不欺骗顾客……自己的生意一定会越做越好。虽说"诚信为本"四个字，自古便是人尽皆知的经商之道，但真正能做到的人却不多，就连于东来自己，也是从前路的坎坷中吸取经验教训，从而下定诚信经营的决心。**虽说追求利益是商业的本质，但在中国这个充满人情味的社会中，追求利益的前提是得人心，既要得人心就必须做到以诚为本。**

第二，与人为善。与西方社会的独立、自我相比，中国人非常注重人际关系，很喜欢抱团取暖，所以人情味浓厚是中国社会的特色之一。以此为背景，中国商人就非常注重人际关系的建立和维护。他们很懂得与人为善，尊重他人，注重维系和谐的人际关系网，在企业中，谋求与员工及合作伙伴的友好关系；在商场上，谋求与顾客达成诚心买卖的长久关系。

在胖东来，上到经营者，下到每一位员工，与人为善的儒商理念被展示得淋漓尽致。

于东来把每一位员工都当成自己的家人，他坦陈："我根本不像企业的老板，我觉得自己始终像家长一样，操不完的心……对待员工更多地就像对待孩子一样，总想让大家都过得很幸福。"**与人为善就是通过自己给予他人帮助，从而让别人获得幸福。**

胖东来友善对待每一位顾客。不管你是买一包盐还是买一台空调，哪怕只是到胖东来随便逛逛，只要你有需要，那里的员工就随时给你提供贴心的服务。他们把与人为善化作了极致的服务和"想你所想""急你所急"的办事准则。在这种理念的驱使下，不仅经营者与员工是一家人，就连企业上下与顾客也成了一家人。所以，当新乡胖东来准备关店时，那么多人都眼含热泪地挽留说：你们不要走啊，你们不要走啊……

胖东来为环卫工人建设的爱心饮水站

第三，社会责任感。儒商具备强烈的社会责任感，他们认为商业成功不仅仅是追逐利润，更是对社会做出贡献的方式。他们积极参与公益事业，回馈社会，关注环境和社会问题，通过商业行为推动着社会的可持续发展。在汶川地震、郑州水灾时，于东来都会挺身而出，捐款捐物，甚至亲赴现场救援，这种热心背后是深深的社会责任感。庆幸的是，我们现在这个社会，有很多企业家都像于东来先生一样，怀有崇高的社会责任感。比如娃哈哈创始人宗庆后，再比如华为的掌门人任正非，这些企业家不仅致力于商业发展，也积极参与公益事业，为社会发展做出了巨大贡献。

第四，长远的规划。相比较眼前的利益，儒商更注重长期发展战略和企业的品牌建设。胖东来的发展理念从最初的"用真品换真心"到"创中国名店，做许昌典范"，再到"世界的品牌，文明的使者"，这每一步的变化，背后都是以企业的长期发展作为驱动力。就像于东来自己所说的："中国人也有智慧能为人类的进步，去贡献出美好的能量，来推动人类的进步，我们不要做民族的企业，我们要做世界的企业。"

第五，文化的传承。儒商比较注重传统文化的传承和发扬，不论是百年老字号同仁堂，还是"八大祥"之首的瑞蚨祥，它们在经营企业的同时，都十分尊重传统价值观念，非常注重将传统文化融入企业文化中去，在赋予企业产品和服务更多文化内涵的同时，也传播和发扬着我国优秀的传统文化。对于这一点，胖东来一直在宣传和贯彻管理理念的同时严格践行着。

在胖东来的《文化理念培训大纲》中，信仰被总结为三个字——自由、爱，这三个字经常出现在他们的对外宣传资料中。那什么是爱呢？爱被胖东来分解为五个递进层次，即爱自己、爱家人、爱员工、爱顾客和爱社会。企业如同个人一样，他的爱释放的范围一定是由内而外的。首先他要爱自己，先有爱自己的能力，进而才能推己及人去爱他人。其次，他要爱自己的家人，但这个家是自己的小家。接着，这份爱会推广到更大一些的家庭中去，即爱员工和顾客。最后，他的爱会蔓延至社会这个大家庭中。所以说，这种层层递进的关系是一环

胖东来企业信仰 自由与爱

套一环的，无法跳跃或缩略。完整意义上的爱，少了其中任何一环，都会缺失向更广泛处散溢的力量。从某种意义上看，胖东来所推崇的"爱"与儒家著作《大学》中提出的"修身、齐家、治国、平天下"的思想有着异曲同工之妙。

随处可见的"自由与爱"

经营之道

- 在中国的商业社会中，以儒家思想为底色的儒商理念或多或少影响着大多数企业家，他们注重诚信、关爱员工和回报社会，在商业活动中践行道德准则，追求商业成功与社会责任的统一。

员工的主人翁精神来自哪里

> 我觉得咱胖东来,最大的一个优点就是信任。就是延伸出来的,更多的是一种真诚的东西:尊重、爱、善良。我希望你们明白并利用这种文化来辅佐你们自己的人生,你们的事业。因为你的员工就像你的孩子,不需要我来管。我也在想,凭啥我管呢。可能以前我的方法也是放不下、放不开,我觉得现在放开也挺好的。
>
> ——于东来分享

很多企业家为了彰显自己在企业管理方面的人性化,都在谈论一个叫作"主人翁精神"的词语。虽然大家都知道,当员工具备了主人翁精神,会更愿意承担责任,主动解决问题,把工作当成自己的事业,从而与企业共进步、同呼吸。但员工怎样才能具备主人翁精神呢?换句话说,经营者要怎么做,才可以培养员工的主人翁精神呢？对于这一点，于东来特别有发言权，因为在胖东来这个企业中，每一位员工虽然做着不同的工作，但他们从心底散发出的那种积极主动的工作态度是掩饰不住的。

在讲于东来是怎样培养员工的主人翁精神之前，我们先来看一个发生在胖东来内部的故事。

2024年2月15日，也是大年初六，根据胖东来商贸集团有限公司《2024年胖东来春节放假通知》的安排，从2月9日至2月13日放假，2月14日恢复正常营业。也就是说，2月15日这天，是他们新年放假后恢复营业的第二天。这一天，刚好有一位网友去逛胖东来，他无意中拍到了一个视频，并把它发到了网上，结果引起轩然大波。

视频的内容来自许昌胖东来美食城的火锅档口，一位女员工蹲在地上试吃面条，试吃后并没有换一双筷子，也没有及时清洗，而是直接把自己用过的筷子放进煮面锅里继续搅拌。这一行为显然没有按照试吃标准进行试吃，属于非常严重的食品加工安全事故。虽然后来有人还原了真相，说女员工试吃的是员工餐，因为那天大家都特别特别忙，很晚了还没吃上饭，她很着急地煮面条，只是想让饿着肚子的同事们早一点吃上饭。但事发后，引起了广大网友的热议，有人说"食品安全无小事"，也有人说"员工都吃了，说明并没有问题"。事后，胖东来经过调查给予了女员工开除的决定，但转天又发布了关于此事的重新讨论和决议，最终决定将这位女员工降学习期三个月，并调至非食品加工岗位。

我在这里想说的不是胖东来的处罚结果，而是事后这位女员工的反应：她并没有对此事进行过多解释，也没有对公司最初给她的开除处罚进行抱怨，只是红着眼眶说："我给部门抹黑了。"

是什么使这位员工有这样的态度，值得每一位企业家深思。在大多数企业中，员工犯错后的表现都是什么呢？多半是拼命解释、相互推诿，接着便是抱怨不公平。为什么自己公司的员工是这样的态度，而胖东来的员工就是深深自责和真挚道歉呢？原因其实很简单，胖东来的员工真的把企业当成家，拥有高度的主人翁精神。而大多数企业的员工，只是把企业当成一个谋生的地方，没有与企业同呼吸、共命运的责任感。

可能会有人问，于东来这是给员工施了什么魔法吧。确实可以这么理解，因为这种魔法大家可能都懂，但却不是人人都掌握了使用的窍门。这个魔法就是信任，应用到实际中便是高度的放权。

信任是一种人与人之间非常宝贵的情感，家人之间、朋友之间、同事之间……都可以因信任而变得亲近，同时，也会因

失去信任而成为陌生人。 北宋欧阳修在《论任人之体不可疑札子》中说："任人之道，要在不疑。宁可艰于择人，不可轻任而不信。"意思是宁可在选择人才时多花费一些功夫，多费一些时间，也不要任命了一个人后，又轻易不信任他。在企业管理中，疑人不用、用人不疑是最基本的原则。因为只有充分信任下属，领导者才敢于放权，放权后才有更多的时间去做更重要的事。同时，只有获得领导者的充分信任，下属才敢于放开手脚，充分发挥自己的才能，这其实是一种相互促进的协同关系。

于东来就是深知信任的重要性，所以他敢于放权，也愿意放权，同时也希望企业中的中高层领导跟他一样，懂得放权的重要性，所以他常说的一句话就是："你不放权，别人咋成长？"在视频号"于东来分享"中，有这样一段视频：一位中高层领导在跟于东来汇报工作，她想把整改方案详细说明一下，于东来笑嘻嘻地打断了她，接着问她说："你们的方案自己内部讨论过了吗？"对方说讨论过了。于东来又问："那你们觉得哪种方案更好？"对方说大家都觉得第一种方案更好。于东来摆摆手，说道："那就去做吧！如果再有问题再来找我。"

说到这里，想必大家都明白了，员工的成长，或者说**员工的主人翁意识来自哪里，肯定是来自领导的充分放权以及放权背后的信任。** 通过放权和给予员工信任，员工将体验到自己做主的自豪感，他们也会因这种自豪感而更加关注组织的整体利益，并为之努力奋斗。最终，这种放权和信任将促进团队的合作和发展，推动企业的成功和成长。

> **经营之道**
>
> - 信任是一种人与人之间非常重要的情感。即便不是亲人，但只要存在信任，关系就会变得亲近。但即便是亲人，如果丢失信任，也会成为陌生人。
> - 在一个组织中，只有领导者信任下属，并在信任的支持下充分放权，下属才能有与企业共同发展的责任感，进而形成自动自发的主人翁意识。

从上至下，只是在用心做事而已

> 不去努力，光嘴上说我是为了别人，为了造福大家，为了这个团队，是不行的。很多东西不是光说，而是要做。我们既然做这样的事情，我们最起码不说做得非常好，基本标准得达到，所以商品的质量，商品的价格，卖场的环境，整个团队的体制公平不公平，整个员工的状态能否在这个平台当中说得过去，这都是需要你去做的事情。不是你去想，必须去做。你要做不到这些，那你想要好的结果，那是根本不可能的。
>
> ——于东来分享

当很多企业都在挖空心思去学习胖东来的文化理念、管理制度或分配制度，以为只要照搬了这些，自己的公司也会跟胖东来一样欣欣向荣时，其实，大家忽略了一个非常容易操作但非常重要的事情，那就是用心做事。脱离了用心做事，任何制度规范所起到的作用都会大打折扣。只有当一个人处于用心的状态时，他才愿意为了做好这件事去不遗余力，譬如去学习新知识、接受新规范、解决新问题等。

有一个小和尚敲钟的故事，相信很多人都听过。

一个小和尚在寺院负责撞钟。从他进入寺庙的第一天起，就开始了早晚的撞钟生涯。时间慢慢过去了，他觉得早晚撞钟一次，单调重复，实在是没有意思。所以他就抱着"当一天和尚，撞一天钟"的态度敲了半年多。

一天，寺院的老方丈把他叫过去，告诉他你不用撞钟了，从明天开始去后院挑水劈柴吧。从撞钟到劈柴，这两个工种的变化可是很大的，小和尚一想到自己每天要做更辛苦的事情，便非常不服气，就反问方丈："师父，为什么让我去挑水劈柴呢，难道我撞钟不准时，声音不响亮吗？"

老方丈摇摇头说："你很准时，而且撞出的声音也很响亮。但是钟声空泛、疲乏，没什么力量。因为你没有认识到，'撞钟'这项看似简单的工作却蕴含着深刻的意义。"老方丈接着说，"钟声不仅是寺院里作息的准绳，更重要的，是为了唤醒沉迷的众生。因此，钟声要响亮、浑厚、圆润、深沉、悠远。在寺院中，心中无钟，即无佛。而你不用心，不虔诚，怎么能担当得了撞钟这项神圣的工作呢?"小和尚听完方丈的话,觉得很惭愧,默默地走到后院去劈柴了。

小和尚因为不喜欢撞钟,觉得没意思,每天应付了事。所以他敲出的钟声空泛、疲软,缺乏指点迷津的号召力,无法起到唤醒众生的作用。所以你看,不用心做事的话,连撞钟、打扫这样的事都做不好,更何谈成大事呢?而很多企业中的员工,正是像撞钟的小和尚一样每日得过且过。但胖东来的员工就不一样,他们每个人对自己的工作都非常用心。上至领导者,下至中高层管理者或普通员工,每一个人都把自己要做的事当成这个企业中最大的事,当成关乎企业命运的事,所以他们每一个人都对自己的工作非常用心,用近乎追求完美的态度去要求自己。

之所以会产生这样的差别,是因为喜欢。正如于东来所说的:"无论做什么,首先选择自己喜欢的。如果自己不喜欢,那么还非得要选择,那你就培养自己喜欢,就像谈恋爱一样。"也就是说,胖东来的员工做事用心,主要因为很多人是发自内心的喜欢;而即便少数人不喜欢自己的工作,在培养的过程中,也会渐渐喜欢上本职工作。**发自内心的喜欢,是一个人能用心做事的前提条件。**

也许会有人说了,真正能从事自己喜欢工作的人,能有几个呢?可能为数不多吧。如果自己从事的工作并不是自己喜欢的，那要怎么培养呢？

首先，要认识到喜欢是可以培养的。**喜欢并不是一种固定的状态，而是一个逐渐建立起来的过程。我们改变不了生活，改变不了工作，但可以改变自己的心态和看待问题的方式，通过这些来培养对工作的积极态度。**你可以尝试寻找工作中的乐趣和挑战，从而发现其中的价值和意义。长此以往，你便可以激发出自己对工作的喜爱和动力。

其次，要持续学习，通过学习让自己成长。你可以去积极参与培训课程、读书，参加行业活动，以此来不断拓宽自己的视野、增长技能。在知识和技能增加的同时，你做这项工作的能力也会提高，能力提高了你就会觉得做起工作来得心应手，没那么费力与枯燥了，这样你就能从工作中体会到趣味性。同时，你也更容易做出一些成绩，从而赢得赞赏。获得他人的称赞和认可会让自己很开心，更有用心工作的动力。这样下去，**原本你并不太喜欢的工作，但由于从中获得了成就感，你也会慢慢喜欢上它。**

再次，跟同事或自己的团队建立起良好的关系。人是群居动物，会非常期待与他人建立起联系。**即便那不是你非常喜欢的工作，但如果能够跟喜欢的人一起做这项工作，也会感觉到快乐。**所以，建立起良好的团队关系，大家共同分享、互相支持，会让工作变得更加愉快和有意义。

最后，每个工作都存在着一些有趣的方面，我们可以尝试将注意力集中在这些方面，找到激励自己的动力源。比如前面不喜欢敲钟的小和尚，他纵容自己不喜欢就是不喜欢，不去改变认知，最终导致敲钟的工作做不好，被转岗去砍柴，但砍柴他就喜欢吗？如果还不喜欢怎么办呢？再转岗去做其他事吗？现实中，不论工作还是生活中，哪有那么多次转岗的机会。

所以，即使我们不能从事自己完全喜欢的工作，仍然可以通过改变心态、持续学习、建立良好的人际关系和找到工作中的乐趣点来培养自己对工作的兴趣。只要能够用心做事，生活和工作都不会亏待你。

经营之道

- 发自内心的喜欢，是一个人用心做事的前提条件。所以在选择某种职业或选择进入某家企业之前，一定要问问自己，是否喜欢。
- 喜欢并不是固定不变的状态，即便不喜欢现在的工作，也可以尝试着通过改变某些因素，而让自己喜欢上目前的工作。因为只有喜欢，你才能用心。只有用心，你才能做好。

拥有非权力性影响力有多牛

> 优秀的企业家是怎样的？用自己的热情做着喜欢的事情，创造着美好的价值，为人类的进步，为人类的美好的生活，去奉献着自己的能量，奉献着自己的热情，享受着自己创造热情的过程和结果。
> ——于东来分享

有非权力性影响力就一定有权力性影响力，在谈非权力性影响力之前，咱们先来解读一下这两种影响力之间的区别。权力性影响力是指领导者的职位权力赋予他的影响力，一般情况下，这种影响力会随着领导者的职位升迁而变大。譬如，当一个人是组长时，他的影响力仅存在于本小组内，当他升迁为部门经理后，他的影响力就扩大到整个部门。非权力性影响力与领导者的职位没有任何关系，只与他的品德、言行等相关，也就是说，**非权力性领导力是靠领导者的个人魅力建立起来的。领导者的个人魅力越强，他的号召力就越强、影响力就越大，那么他的非权力性影响力就越大。**

举个简单的例子：在一家公司里，设计部的领导是A，宣传部的领导是B。最近一段时间，两个部门的工作量骤增，A就对部门员工说："本周，大家晚上都留下来加班，手头的工作做完再走。"设计部的员工就来加班了。B什么都没说，但宣传部的员工都主动留下来加班。这里面A使用的就是权力性影响力，他以主管领导的身份命令大家加班。B使用的就是非权力性影响力，领导什么都没说，但员工主动加班，因为他们怕工作完不成给部门抹黑。通过以上例子，相信大家对这两种影响力的认识会比较清晰了。

在一个组织中，如果领导者仅有权力性影响力，那么很容易引起员工的抵触和反感，不是有那么一句话嘛：上有政策，下有对策。你命令员工加班，员工就会想出各种各样的办法来应付或拒绝加班。当权力性影响力在组织中过于强大时，这个组织会缺乏积极性、创造性，员工混日子的心态就比较强烈，进而影响组织效益和发展。所以，真正能够激发员工主动性和创造性的是领导者的非权力性领导力。这种影响力到底有多大呢？

我们看看于东来的故事就了解了。

当所有的企业领导者都在给员工激励、打气，让大家"拼完四季度，铺垫下一年"时，于东来却在每一次公开讲话时，都强调说他希望员工自由、快乐、幸福，不要加班，要多出去玩，多陪伴家人。因为他深深地体会到，追求自由和快乐才是人的本性，所以他说："我希望自己能活得像自己，活出自己的个性，不想那么累，不想像他们那样牺牲自己。我更想边玩边去沉淀着美好，传播着美好，我觉得自己幸福，更能找到这种幸福的感受，然后去分享给更多的人。"当其他老板都在跟员工谈加班、提升KPI时，于东来却在告诉员工要会干会玩，追求像风一样的自由。当其他企业都在熬夜赶进度时，于东来却劝员工赶紧正点下班，别耽误了撸串喝啤酒。这样一个热爱生活，顺应人性的老板，他能建立起非权力性影响力是不言而喻的。

胖东来用这些年的实践经验告诉大家，工作一样也是可以边玩边干的。在胖东来超市中，没有顾客的情况下，员工是可

胖东来标语

以玩手机、听音乐的，因为在于东来看来，人都有放松的需求，如果让员工上班期间一直处于紧绷的状态，那么人就很容易累，累了就无法给顾客提供最佳的服务。与其这样，不如在没顾客的时候放松一下，服务顾客时就开心地、用心地做事。

在胖东来时代广场开业之前，于东来没有自己的办公室，他每天都在各个超市卖场转悠，一旦发现问题，就把工作人员集合在一起，立即开会解决。后来，他有了自己的办公室，却也很少在里面办公，因为他说："我不太喜欢坐在办公室里，我希望我是自由的，快乐的，我希望自己在流动当中去创造自己想要的结果。"所以，每次员工看到他的时候，都会看到一个乐呵呵的老板，他把这样的情绪传染给周围的人，每一位员工也是开心的状态。不知不觉中，这种非权力性影响力就遍布了整个企业，所以才造就了今天这样一家欣欣向荣的企业。

胖东来时代广场

那么，如何才能建立起领导者的非权力性影响力呢？

首先，做到有效沟通。很多时候，误解多半来自沟通不顺畅。领导者如果能与下属进行顺畅而有效的沟通，一方面自己的观点更容易被下属理解和接受，另一方面也能建立起与下属的互信与共识。所谓有效沟通，就是面对不同的人，要采取适合他的沟通方式。因此，领导者得适时调整沟通模式。

其次，管理情绪。领导者是团队成员的榜样和引领者，其情绪和情感状态会对整个团队产生影响。因此，领导者要学会管理自己的情绪，并且能够在团队中传递积极的情感和态度。譬如，当一个大项目跟丢了，大家会不约而同地陷入沮丧的情绪，如果此时领导者能传递出积极的能量，鼓励大家"塞翁失马，焉知非福"时，员工则能更快地调整工作状态，从沮丧的消极情绪中走出来。

最后，持续学习。通过不断地学习和成长，领导者能够展示出自己的专业能力和领导才能，从而赢得团队成员的尊重和信任。要知道，在当今这个时代，失去学习能力就意味着被赶超，没有一个人会愿意跟随一个比自己差的领导。此外，一个积极学习的领导也能成为下属的榜样，带动整个团队不断提升学习能力。

> **经营之道**
>
> - 非权力性影响力来自领导者的个人魅力,当下属因为领导的品格、言行而产生信服、敬佩,进而愿意跟随领导的脚步,听从领导的号召时,这时团队产生的创造力是无比巨大的。
> - 通过与下属建立有效的沟通方式,提升自身的情绪管理能力和学习能力等,领导者的非权力性影响力是可以不断增强的。

领导者的行为比制度更有说服力

> 1999年的时候，我说我要做一个伟大的人，很多人都说我是个神经病，但我不管别人怎么说，有梦想就行。所以在后来的过程当中，无论遇见什么样的风浪，也阻止不了我前进的这种方向，因为这是我的信念。胖东来的文化可能跟世界上优秀的文化，优秀的技术还有非常大的差距，虽然还不成熟，但是企业能给社会和同行带来价值了。
>
> ——于东来分享

在前文中我们说过一个企业领导者的品格和德行影响着整个企业的商业决策和判断，同时也影响着企业员工的基本认知。其实，不仅在精神层面，在工作中的方方面面，领导者的作用都是巨大的。正如范仲淹在《尧舜帅天下以仁赋》中所说：

"上行下效，终闻乎比屋可封。"领导者怎么做，员工就会跟着怎么做。

很多企业家都是从基层做起的，就像腾讯公司的创始人马化腾，他大学毕业后就是从程序员做起的，而网易公司的创始人丁磊最初也只是一名电脑工程师。因为他们有过相关经验，所以对这个行业熟悉，他们深知行业内的种种挑战和机遇，正是这些基层经历让他们在创业的道路上更加游刃有余。当然，他们的成功和失败的经验也非常有说服力，值得员工借鉴和学习。

在胖东来，员工们更是拥有一个极致的榜样，那就是大哥于东来。虽然是企业的董事长，但员工们都爱叫他"大哥"，因为亲切，也正是因为这份亲切，所以于东来所要求的、所示范的，员工们就都愿意执行，这就形成了胖东来能够提供极致服务的良好氛围。

那么，于东来都示范了些什么呢？

他告诉员工，商品也是有生命的，需要尊重商品，所以轻拿轻放是最起码的要求。而在员工手册中，更是用拟人化的视角说："走过货架的瞬间，把一些'调皮的朋友们'排列整齐，把它们站的每一个角落都擦得闪闪发光。"他告诉员工，再极致的服务也不需要迎合，而是"在顾客逛商品的时候，不要打扰顾客，等他们需要服务的时候再为他们提供介绍及引导"。

领导者的引领示范既可以是宏观的政策，也可以是微小的细节。领导者不仅是企业的老板，更是团队的一分子。这种身份既赋予了其权力和责任，也要求其与团队成员同甘共苦、携手并肩。所以，于东来多次在公开场合表示，自己的办公室形同虚设，因为他喜欢巡场，喜欢在流动中办公，看到卖场哪里不整洁了，拿起抹布擦一擦；看到哪个瓶子歪了，赶紧扶正；看到哪里需要调整，随即招来员工开会。正是这种亲力亲为的示范作用，才让他在员工中树立起了强大的威信。

领导者的示范作用除了可以在企业中树立正确的行为榜样，还可以激发员工的积极性和工作热情，此外，还能提升团队的凝聚力和执行力。所以，刘强东穿上工作服，像快递小哥一样去送包裹，于东来在卖场巡视，亲自给顾客撑购物袋，并不是作秀，而是通过这些行为，向员工展示服务细节的重要性，更是传递一种信念，即企业的成功离不开每一个岗位的服务，离不开每一位员工的付出，企业上下每一个环节都是至关重要的。

在任何时候，领导者的行为都比制度更有说服力。因为他们的行为能直接触及员工的情感和信任，相比较缺乏人性化和人情味的制度，领导者示范一下到底要怎么做，比出台再详细的制度都更有效，员工更容易被感动和启发，更愿意效仿和接受领导者的行为示范。

行动是积极的、动态的，更具感染力，更能令他人与自己产生共鸣。所以，领导者可以通过言行起到示范作用，创造企业的文化和氛围，并激励员工一起努力，实现企业的共同目标和愿景。

经营之道

- 任何时候，领导者的行动都比制度更有说服力。因为与缺乏人性化的制度相比，领导者的一言一行更容易赢得员工的情感支持和信任。
- 领导者的示范作用可以涉及企业的方方面面，大到政策引领，小到服务细节。领导者的亲自示范既能引发共鸣，又能提高员工的执行力。

梦想成为"胖东来人"

> 我们的目标不是让企业做多大,目的是希望我们更多的员工懂得好的理念,有健全的人格,懂得让自己的生命过得更加的健康,更加的轻松,更加的美好,是这个方向,我们就非常轻松。
>
> ——于东来分享

在网络上,有很多网友会在与胖东来相关的帖子下面留言,一大部分留言是希望胖东来能开到自己所在的城市,还有一部分网友留言,希望能去胖东来上班,真正做一回"胖东来人"。对于那些想去胖东来上班的人,大家的机会有很多,因为胖东来每年都有对外招聘。

胖东来，你学不来

2024年3月17日，在胖东来商贸集团的微信公众号上，发布了一条名为《许昌市胖东来超市招聘公告》的信息。这份招聘公告在3月17日晚上10：31发出，不到20分钟，浏览量已经是10万+。所以，想去胖东来上班的小伙伴，你们之间的竞争看来还是很激烈的。在这份招聘公告的最后，有一条信息很醒目："报名阶段收集的简历信息仅用于本次招聘，为保证你的信息安全，所收到的简历将在本次招聘结束一个月内进行删除。"在如今个人信息极度不安全的情况下，胖东来主动跟大家承诺，你们的个人信息不会从本次招聘中泄露。这种公共安全意识和以人为本的理念是很多企业做不到的，即便你还不是胖东来的员工，你只是投了简历，胖东来也有义务有责任保护大家的信息安全。所以说，"为社会提供和分享一种健康、公平、真诚的经营模式和科学的运营体系，传播先进的文化理念和生活理念……引领和推动社会向更加美好的方向进步"绝非妄言！

既然有那么多人都想成为"胖东来人"，我们就来帮大家一步一步实现这个梦想。

第一步，我们先来想一想，大家为什么期待成为"胖东来人"。可能很多人的最直接目的就是挣钱，那里的福利好，薪资高啊。的确，这是毋庸置疑的事实。但从招聘公告上看，进入胖东来是一个双向选择，你可能是因为高工资而想要成为

"胖东来人",但胖东来选择你的最基础标准是,你需要喜欢胖东来的文化理念,并有一定的认识和理解。如果把招聘比作相亲的话,胖东来不看重高学历、高颜值,他们看重的是有共同语言。如果相亲时直接告诉相亲对象说我的要求是咱俩得有共同语言,这未免显得矫情了,因为初次见面,谁都不了解谁。在这里,胖东来的做法就真诚了许多,他们先要求彼此有共同语言,接着就把了解他们的理念的方式告诉了大家:

渠道:关注"胖东来"官方抖音、微信公众号"胖东来超市——胖东来——幸福生命状态手册"。

这意味着胖东来就是按照他们企业理念中所说的那样做的:"通过企业的载体和平台……传播与践行先进的文化理念和先进的生活方法。"虽然这只是一次招聘,但胖东来也希望它能成为人们了解这种文化的一个窗口。如果有人认同胖东来文化,刚好其他条件也满足,那么好,让我们一起同行成为同事。如果有人不认同胖东来文化,也没关系,反正我把好的观念传播给你了,理解不理解,学不学得到就看自己的修为了。

第二步,符合所有条件,成为"胖东来人"。在对企业文化有了初步认知后,并不意味着你就能身体力行去践行这种文化。所以,胖东来有非常系统的考核标准和管理制度,来帮助大家成为真正的"胖东来人"。比如服饰部有《服饰部服装岗位实操标准》，客服部有《客诉处理标准》，保洁人员有《超市部保洁实操标准》，等等。每一个部门每一位员工的行为都要按照明确的操作标准来约束和规范，如果你想按自己的方法和标准来做事，那是不行的，因为既然进入了胖东来，就需要按照胖东来的标准进行操作。所以说，顾客在胖东来体会到的所有极致服务，背后都是有高标准的操作规范在做支撑的。

在视频号"于东来分享"中，有一个名为"做事要有标准，而不是依着习惯"的视频，里面他讲述了一个现象：日本人在搬动行李箱时，都是双手扣紧行李箱的底部，帮客人轻拿轻放，放好后如果发现有灰尘，会帮助擦拭干净；而我们国家的行李搬运工人，是顺手拿起，远远抛落，根本不会顾及行李箱会不会摔坏，更别提弄脏还给擦拭了，那是根本不可能的。在这个对比现象的背后，是行为标准与习惯的不同。也就是说，日本搬运工之所以那样工作，是因为他身后有标准的制约，如果不按标准操作，他会受到相应惩罚。而我们国家的行李搬运工，是因为没有相关实操标准，所以才按照自己的习惯去工作。

要想保证企业运营得好，就必须要按照标准去执行。因为标准是统一的，但每个人的习惯却是不同的。

第三步，在爱与自由理念的浸润下，在标准的约束下，你形成了更好的工作习惯，你成为更好的自己，此时，才真的算是成为"胖东来人"。就像于东来曾经说过的，胖东来的员工即便有一天不在胖东来工作了，他也一定会是职场上非常抢手的员工。因为他们拥有超高的工作标准，有积极阳光的人生态度。

所以，梦想成为"胖东来人"的初始阶段，大家是想挣到更多钱，从而过上更富裕的生活。在做"胖东来人"的过程中，你成为更好的自己，更有竞争力的自己，更幸福快乐的自己。可见，**梦想成为"胖东来人"的本质，是大家都想成为更好的自己**。这是每一位员工和胖东来这家企业的共同目标。

经营之道

- "喜欢胖东来的文化理念，并有一定的认识和了解"是成为"胖东来人"的基础性要求。换言之，要想在一个企业中获得长久的发展，必须是在认同企业文化的前提条件下。
- 制定出适合企业发展的、完备的规章制度是企业管理的重中之重。

3

与员工共富
才能带来双赢

与员工共富是近几年出现的一种全新的商业理念。与员工共富，意味着企业追求利润不再仅仅是为了自己，还要注重员工的福祉和发展。在这种理念下，企业和员工之间将建立起一种共赢的关系。

　　对于企业而言，共享利润可以让员工感受到企业的公平、公正，增强员工对企业的认同感和归属感。在认同感和忠诚度提升的情况下，员工会更加有意愿为了企业的发展而付出更多努力。对于员工而言，共享利润可以激励员工的工作动力，使员工更加愿意投入工作，并积极寻求创新，这种积极性和创造力的释放将为企业带来更大的竞争优势以及持续发展的动力。

与创造价值的人一起分享财富

> 到1999年底时,我们已经营利1700万。但由于出现半班的情况,半班肯定要比整班挣得少,这样每个人的工资就降低了。就这样,我将1700万折合成1000万,就把它分掉了,分了47%。然后计划用三年时间赚到5000万,然后跟大家分50%,最起码能让大家存钱,当时就是这样的概念。分掉一半我还剩下2500万,这已经相当多了,我非常满足。从2002年开始,每年赚的钱大概要分掉80%,其余的20%我自己花。再后来,越分越多,这种分配政策一直延续到现在。因为分配体制好,所以大家都非常真诚地投入,我怎么要求,大家都认真地去做。
>
> ——于东来分享

在传统企业的运营模式里，雇佣与被雇佣的关系长期占据主导地位，老板是雇佣者，员工是被雇佣者。老板出资创办企业，承担风险，那剩余利润自然独享；而员工呢，工作一天赚一天的钱，只能得到工资，别想染指剩余利润。然而，随着社会经济的发展，人才逐渐成为职场中最具竞争力的因素，人力资本才开始被企业重视。经营者们开始重新审视雇佣关系的本质，并积极寻求一种更加公平的合作模式，所以共创、共享的新商业思路逐渐显现。在新思想的推动下，很多企业家意识到：今后，与员工共富才是企业的出路。就像新东方董事长俞敏洪所说："在这个重新界定的时代，谁把自己当老板看，谁死得最快。"

作为在新思潮下变革的企业之一，胖东来的觉醒只早不晚，它像沙漠中的甘霖，像透过乌云缝隙的阳光，给职场打工者带去了新希望。这也就是为什么互联网上，那么多网友都想成为"胖东来人"，最直接的吸引力就是胖东来愿意与创造价值的人一起分享财富。

对于分享财富这件事，于东来直言不讳，说创业的最初，自己也没想到要跟大家分享剩余利润："1995年的时候我回许昌，负债30万，想用五六年时间把债还完，这样就自由了。所以我经营得格外用心，进货、买东西、对员工都非常好，当地平均工资300元，我给员工开1000元，还管吃管住……第一年也没想着给员工分钱，只是发工资，每个月发1000元。

第二年涨工资，每个月1200元，还是在店里住……第三年涨到1400元，当时店里只有十几个员工，除了工资没想到要给大家分钱。"

那后来于东来是怎么改变想法，打算跟员工分享剩余利润呢？因为他发现，员工除了挣钱，还有休息、娱乐、恋爱等其他的需求，实现这些需求需要时间，所以员工就不能上整班了。一分半班，工资自然要降低，这样员工挣的钱就少了，基本生存需求无法得到更好的保障，所以他才决定给大家分钱。

分钱是分什么钱？要怎么分呢？胖东来的分钱策略，主要包括两方面，一是工资，二是剩余利润。

首先，他们的工资比同行业高。从2022年于东来的一次对外讲话中得知："员工平均到手每个月是5000多元，加上分红是7000元，含社保8000元，下一步人员的结构调整以后，每个人的工资可能还要增加1000多元。"这是普通员工的工资，而管理层的薪资待遇，于东来也在一次讲话中提到过："1000平方米门店的店长，一年的收入是60万元；3000平方米门店的店长，收入将近100万元。"胖东来的工资水平其实不仅远高于同行业，而且还比社会上很大一部分行业要高。

其次，与员工分享剩余利润。剩余利润怎么分，前面已经说过了，起初分50%，后来分80%，可能以后还会越来越多。

通过于东来的分钱经历，相信很多经营者已经体会到，

只有先保障员工的基本生存需求，进而满足其发展和娱乐等需求，员工才能付出更多的热情与企业共同奋斗。也就是说，与员工共富，让员工成为企业的合伙人，这是时代发展的趋势，只有这样企业才能越做越好。

当然了，共享财富的方式有很多。企业可以用提高基本工资的方法，也可以使用分红、分股份等方式，以下提供几种分享财富的方法，经营者们可以参考。

第一，奖金和绩效奖励。这是最为常见的企业分享财富的方式。设立绩效奖励机制，当员工的贡献达到某一标准后，给予额外报酬。奖金和绩效奖励能够非常有效地激励员工投入工作，并积极参与到与企业共同发展的过程中。

第二，分享股权。企业可以通过将一部分股份分配给员工，使他们成为公司的股东，从而使员工从企业的利润和增值中获益。就像娃哈哈已故的董事长宗庆后所说的："实现全员持股，让普通员工真正成为企业的股东和主人。"

第三，企业分红。就像胖东来采用的分享方式一样，将一部分企业利润作为分红与员工共享。可以根据员工的工作表现、职位等级和公司整体的业绩来进行分配。企业赚得多员工就多分，企业赚得少员工就少分。这样能很好地调动起员工"众人拾柴火焰高"的积极性。

第四，其他福利待遇。比如提供健康保险、养老金计划，或给予灵活的工作时间等。这些是除了直接的经济回报以外，还能提高员工的生活质量，并让他们感受到企业的关心和重视的方式之一。

第五，项目共创。譬如，企业可以让员工参与到某些项目的合作中，让员工成为某个项目的主理人，通过这种方式，员工可以分享到项目的成功和利润，同时也能够发挥自己的创造力和创新能力，而且也能让企业和员工之间的关系更亲密。

总之，**不同企业可以根据自身的特点，去制定适合自己的共享财富方案**，让企业和员工通过同一平台获得共创、共享、共富的双赢局面。

经营之道

- 与创造财富的人一同分享财富，是未来商业社会中的硬性条件。只有这样，员工才能付出更多的热情与激情同企业共同发展进步。
- 企业分享财富的方式应该是多元化和全面的，不同企业要根据自身的特点，去制定适合自己的财富共享方案。

员工福利怎么算

我们规划的员工平均收入是达到 8000 元～10000 元，除了社保以外。这样我们在这种三四线城市，最起码员工的生活基本上是健康的……未来员工的休假最起码保证在现在的 30 天，到未来 60 天的一个进步。我们的上班时间有 7 个小时，要逐步地往下递减，这就要靠我们专业的能力了。我们的产品如果非常过硬，就像 COSTCO 一样，就像山姆会员店一样，那么我相信，我们的上班时间 6 个小时将来是可以实现的，这个可能需要 5 年至 10 年的时间。如果我们的上班时间压缩到 6 个小时，那我们整个的工作效率就会更高，员工的休闲时间就会更多，员工的生活质量就会更高。

——于东来分享

除了薪酬之外，企业的福利体系还包括很多内容。比如常见的五险一金、节假日休息、生日会、团建活动等，这些都属于福利体系的内容。如果薪酬不足够有吸引力，拥有优厚的福利待遇一样也是招才纳士的法宝。胖东来的神奇之处就是，人家不仅有高工资，还有特别优厚的福利待遇。而且他们每年都会对福利体系进行调整，比如2024年调整过后，又增添了一个"不开心假"。于东来对此是这样说的："今年我们的休假又增加了10天不开心假，如果不开心呢，我不想上班，那管理层是不能不批的，不批就违规了。（我）就希望大家自由，谁都有不开心的时候，但真的（设置了）不开心假的时候，他（员工）又开心了。"可见，只有从人的基本需求出发，所设置的福利制度才是可行的，人性化的。

在讲胖东来的其他福利待遇之前，咱们先来看一件发生在胖东来的小事。

2023年6月的一个晚上，胖东来果蔬课的一位员工在封装折价蔬菜，打算把封装好的蔬菜重新称重进行折价销售。当时，有一位顾客提前挑选了一些蔬菜，他要求员工帮他包装好后也按照折价菜的价格销售。员工就跟顾客解释说，提前挑好的菜不能折价销售，您得正常称重。后来，又因为等待时间等问题，这位顾客与员工发生了口角。他不仅大声呵斥员工，还做出了手部直指等不文明的动作。这一过程中，胖东来员工有简短的话语回复，被值班班长劝阻后，一直低头不语。事发后，胖东来第一时间做出了对事件的判断，对顾客、对员工、对店面负责人以及对胖东来的制度等都做出了基于实际情况的说明。这其中有一项处理决定是这样的："当时员工工作期间受到顾客呵斥指责，并被拍视频上传至网络，造成心理包袱及伤害。虽然事件起因是员工服务违纪，顾客在权益受到损害或不满时，可通过投诉渠道进行反馈，理性解决问题。但不能现场对员工大声呵斥指责，这是伤害人格以及尊严的严重行为，也是社会不美好的导向，给予员工5000元精神补偿。"

以上案例中提到的5000元精神补偿就是胖东来的一项特殊福利，即"委屈奖"。它指的是员工按照公司规定流程工作时，如果受了委屈，可以根据具体情况获得500元～5000元不等的补贴。因为服务行业多与人交往的特殊性，员工难免会受到委屈，但每个人都有尊严，员工也一样，胖东来设立这个补贴意在鼓励员工做正确的事。

你看，胖东来的员工在工作中受了委屈都有企业在背后撑腰。而有些企业，员工在工作岗位上受了工伤，企业还在推诿责任，甚至说"你受伤跟我没有任何关系"，这两者的区别就在于企业是否真的以人为本。以人为本的企业，才能够意识到员工是组织的重要资产，理解员工的价值，关心员工的健康和安全，并愿意为员工提供必要的支持和保障，也因此会建立起完善的福利制度来为员工的工作与生活保驾护航。同样的，当企业的福利制度足够人性化、足够好时，员工内心所产生的幸福感也会激励他更好地工作，为了企业的发展贡献更大的力量。

因此，**工资、福利这些看似是企业给员工的保障，其实从另外一个角度看，更是企业给自身发展的保障。**

那么，企业要如何打造适合自己的福利制度呢？

首先，考虑企业特点和员工需求。大到每个行业，小到每家企业，都有各自的特点，福利制度的设定要根据企业自身的特点。譬如，胖东来是一家零售企业，员工需要与很多顾客打交道，人与人的沟通难免出现不畅，那么设立一个"委屈奖"是必要的，而一家主营广告策划的企业设立一个"委屈奖"就很没必要。所以，设置福利制度要根据企业特点而行。当然，也不能忽略员工的个人需求。企业最好能够与员工进行直接沟通或进行调研，了解他们对福利的期望和需求。企业综合企业自身的特点和员工需求去设置福利制度，这样设置出的福利制度更具可行性和吸引力。

其次，设置优先级。每一家企业的福利制度都不可能是一步到位的，先实现什么、后实现什么，企业要做出优先级规划。就像本节的"于东来分享"中提到的,胖东来现在的工作时间是7小时,希望用5年~10年的时间进行调整,来实现每天6小时工作制的梦想。企业要根据员工的需求制定福利优先级的规划,比如所有员工一致认为先实现弹性工作的福利制度,再落实每周2.5天的休假,那么就应该优先落实员工最需要的福利。

最后,适时进行调整。福利制度也需要定期进行评估和调整,以确保其持续适应员工的需求和企业的发展。怎么调整呢?一方面企业可以定期做员工满意度调查,收集员工的反馈和建议,根据建议去进行微调。另一方面企业也要对福利制度的开销进行追踪,以确保员工满意和财务支出两方面平衡进行。

经营之道

- 工资、福利这些看似是企业给员工的保障,其实从另外一个角度看,更是企业给自身发展的保障。
- 以人为本是企业设置福利制度的根本依据,除此之外,企业自身的特点、企业财务状况等都是企业设计福利项目需要考虑的重要因素。

给予尊重与爱，才能换来忠诚

> 胖东来最好的是啥？是体制。这种体制光想着让员工幸福点儿，光想着让员工多拿点。这种体制在生存阶段，是不是能多拿点工资是最大的喜悦。只有这种体制，才能让大家慢慢感觉到被尊重，感觉到有信任感，感觉到温暖，才想着再去寻求我们怎样让自己变得更好，让自己懂得更好的生活理念，生活得更加幸福。
>
> ——于东来分享

如果说胖东来的成功在于体制，这话不假，分钱制度、福利制度以及各项详细可行的工作制度，这些都是促进企业与员工共同走向自律与成功的秘籍。但钱与福利可以留住员工，却无法换来员工脸上掩饰不住的愉悦，以及长久的忠诚。换句话说，金钱是员工留在公司的一个重要因素，但它不足以唤起员工内心深处的激情和奉献精神。员工需要的是一种受到尊重和认可的工作环境，一份能够满足成就感和自我实现的工作。要想实现员工的这些需求，唯有给予尊重与爱。还是那句话，要以人为本，就像于东来在2024年联商东来总裁班第一期的讲话中所说的："很多的商业有规模、品质，但是缺少人文，但是胖东来有人文。人文就是对人的尊重。一个国家的美好一定是人民幸福，一个企业的美好一定是员工幸福。"

给予员工在物质层次的保障是尊重，给予员工在精神层面的信任更是尊重。信任是什么呢？信任是"疑人不用，用人不疑"，可这话说起来简单，做起来并没那么容易。尤其是后半句，人与人之间虽说要将心比心，但不可能是心意相通的，既然达不到心意相通，那么出现误会就在所难免。所以，信任不是永远不疑，而是经过波折后的再次坦诚。

在一家高级饭店里，一位年轻厨师被人告发了，理由是他多次从后厨拿食物带回家。主管领导心想，这种行为可不能姑息，必须重罚。正巧，主厨出差不在，也没法找人再次核实了。所以，主管领导就直接给了这位年轻厨师扣薪一个月的惩罚。年轻厨师对此没有过多解释，只说自己接受惩罚。

几天后，主厨从外地出差回来，知道了这件事，急忙找到主管领导，说年轻厨师从厨房拿菜是经过自己允许的。原来他家里有一位行动不便的老母亲,年轻厨师每天下班后要先去菜市场买菜,然后再回家给母亲做饭。但前段时间,酒店的客流量骤增,他得加班到很晚才能回家。那个时候菜市场早已关门了,所以他才申请从饭店拿菜。但每天拿了什么,合计多少钱,他都记得清清楚楚,说发工资时直接从里面扣除。主管领导一听,心中很惭愧。他找到年轻厨师,当面向他道了歉,撤回了处罚的决定,并在部门会议上,公开讨论了这件事,一方面承认自己的失职,另一方面对年轻厨师的工作时间做出了更合理的安排。

我们暂且不谈论这位饭店主管领导是不是处罚得过于草率,是不是没经调查就下结论。只是想通过这个故事告诉大家,人非圣贤孰能无过,即使是领导者,也会有失职的时候,也会有奖惩判断错误的时候。但这样就是失去信任了吗?就是不尊重员工了吗?并不是的。真正良性的关系,应该是在产生冲突与化解冲突中愈发紧密。即便是如今在人性管理方面颇有话语权的胖东来,也是从不断的经历与总结中,才悟到了"尊重与爱"这个人性管理的真谛。那么,企业要如何实现对员工的尊重与爱呢?

第一,企业领导者要有成人之美的心。从字面上理解,成人之美就是成全别人的想法,帮助他人去实现愿望。对此,于东来是这样说的："带团队最终是因为你有成人之美的心，团队得到信任、得到认可、得到鼓励，能体现出他们的价值，大家会更用心地去做，做老板的会更轻松，各级领导层也会更轻松，下级会替上级做很多事情，这样既培养了人才，又成就了下属，更成就了自己。"所以你看，这不正应了那句话：予人玫瑰手留余香。**领导者成全员工的同时，更成全了自己，还从中获得了员工的忠诚，这么一举三得的事情，应该是企业领导者早早就该悟透的道理。**

第二，带领大家学习。让员工成长，帮助他们找寻到更好的自己，也是尊重员工的一种方式。在于东来看来：胖东来最大的优点就是——学习。"因为实现幸福、实现快乐、实现自由的最大的障碍就是习惯。"什么能够打破习惯呢？唯有不断

胖东来的幸福文化

地学习。中国有句古语叫居安思危，就是劝诫大家不要"躺平"，要有点忧患意识。那通过什么方式能消除掉未来的一些隐患呢？——学习。胖东来的学习方式很简单，就是学人之长。觉得瑞士一年休假 180 天更符合人性，于是就朝着这个目标去努力；觉得宾利、香奈儿做产品的高标准值得学习，所以也拿高标准来严格要求自己的产品。

当然，胖东来不仅是企业自己学习，还带动着全体员工共同学习。即便有哪位员工想要安于现状，但团队都在拉你，你还不主动地向前走几步吗？这就形成了胖东来整个企业都在学习的现状。学习可以接触到不同领域的知识和观点，开阔自己的思维和视野。一个企业或一个人的眼界高了，他的认知水平就会提升。认知决定思维，思维决定行动，行动可以带领企业或个人向更好的方向发展。**人都有积极向上的需求，所以企业带领员工学习，本质上也是对人性的尊重。**跟胖东来一起能变得更好，当每一位员工都坚持这种信念时，忠诚度无疑是牢不可破的。

经营之道

- 给予员工在物质层面的保障是尊重,给予员工在精神层面的信任更是尊重。
- 领导者在成全员工的同时,更会成全自己,还能从中获得员工的忠诚,这是一举三得的事情。
- 每个人都有积极向上的愿望,因此企业带领员工一起学习,本质上也是对人性的尊重。

"能干会玩"的胖东来员工

> 巡店过程中,看到很多员工在不忙的时候,轻松地看书、玩电脑、谈心、整理商品或环境、坐着休闲品茶……看到这些,我感到无限的幸福。如果每个员工都能做到干就认真得干,玩就轻松得玩,这个团队一定是非常幸福的。希望每个管理者都要这样带团队。
>
> ——于东来分享

近些年,越来越多的教育专家推崇"会玩的孩子更会学"这个理念,而胖东来所说的"能干会玩"从本质上与"会玩更会学"是一致的。因为不管是孩子,还是大人,只要是人就都喜欢玩。所以,不压抑人的本性,从释放天性的角度出发,探索如何学习好或干好工作,不论孩子还是成人,便都没那么严重的抵触情绪了。不得不说,在胖东来这家企业中,以人为本的理念从始至终，从上至下，从企业文化到制度实施，贯彻得全面又统一。尊重与爱是以人为本，会玩能干更是以人为本。

在说"能干"之前，我们有必要先知道胖东来是怎么玩的。

首先，他们有一个爱玩的老板，于东来在访谈中坦陈："我是一个爱玩的人，玩在我的生命当中是最重要的。"比如他喜欢打掼蛋，连玩十个小时都不腻烦。他还喜欢自驾游，曾经为了穿越无人区，每天开十几个小时的车。他还喜欢赛车，曾在年过半百后还专门找了一位F1赛车手进行学习，就连赛车教练都说："像你这么大年龄的学员，我是第一次教。"于东来不仅爱玩，而且特别会玩。所以，在这样一位老板的带领下，公司上下都玩得投入，笑得开心。

在王慧中老师的书《胖东来，你要怎么学？》中，她曾讲过这样一个实例：一次，她去胖东来的办公区，发现人力资源部空无一人，就诧异地问，又不是休假日，人都去哪儿啦。结果于东来告诉她，说前几天他们组织活动太累，所以就让他们放假出去玩了。也许会有人说，胖东来放假也太随意了吧，这还是一家企业吗？假如在人力资源部全部外出游玩之际，公司有突发事件需要他们处理，那该怎么办呢？

说到这里，就该引出"能干"了。在于东来的认识中，公司不应该只由一个人管理，也不应该只由一群人管理，而是每一位员工都应该具备自我管理的能力，这就是他们"能干"的基本要求。也就是说，即便人力资源部不在，遇到事了，其他部门也能解决。即便领导不在，碰到难题，下属员工也能解决。于东来想通过休假、外出游玩这一方式，**让领导层学会放权，让基层员工得到锻炼，从而实现所有员工能力都在提升的目标**。

当然，这只是一方面，"能干"与"会玩"其实是一种相互促进的关系。"能干"是指有效率地工作，在效率提升的基础上，时间就会节省下来。有了时间，才能为"会玩"提供保障。当你从玩中获得人生乐趣，便想着花更多时间去玩。可是怎么才能压缩时间呢？于是你转回头来，便在如何提升工作效率上下更大的功夫。当工作效率进一步提升时，你就更"能干"了，同时，也有更多时间去玩。所以说，**"能干"与"会玩"是一种相互促进、合作共赢的关系**。

就连新东方的俞敏洪都说："人生路上，只有学会刹车的人，才懂得如何加速度。厉害的人不是一直奔跑，而是会干又会玩儿，做一个长期主义者。"可见，无论是在工作中还是生活中，学会适时放慢脚步，学会刹车，学会玩儿，才能更好地把握加速的时机，更好地驾驭人生的方向。所以，胖东来的"能干会玩"背后，一方面是教员工如何做事，一方面又在教员工如何做人，如何驾驭生活。

知道了"能干会玩"的价值,我们要怎样做才能实现"能干会玩"呢?

第一,要制定明确的目标和计划。只有计划清晰可行,才能根据其去分配时间和精力,从而确保既能高效地完成工作,又能留出时间来享受生活。

第二,要提升自己管理时间和情绪的能力。很多时候,致使计划拖延是因为我们管理时间和情绪的能力低下。所以,提高自我管理的能力,也能在一定程度上提高工作效率。

第三,要保持身心的健康。注重身心健康,保持适量的运动、良好的饮食习惯和充足的睡眠。身心健康是实现"能干会玩"的基础,只有身心健康才能更好地发挥自己的能力。

第四,要保持自我更新的热情。通过不断学习新知识、提升技能,保持对工作和生活的热情,一个人澎湃的精气神是"能干会玩"的基本保障。就像于东来那样,即便年过半百,只要热爱上一项活动,尽可能去尝试参加。其实,玩的意义不仅在于开心快乐,更在于每一次参与的过程。

经营之道

- "能干"与"会玩"是一种相互促进、合作共赢的关系。"能干"带来工作效率的提升,给"会玩"提供了时间保障。"会玩"进一步督促自我提升效率,因而更加能干。
- 只有领导者真正做到放权,给员工锻炼的机会,员工才能得到能力的提升,进而整个团队的效率才会提高。

最高明的管理是培养员工的自驱力

> 公司要求员工每天工作6小时,但是你们执行的有多少呢?公司也出台了很多办法(来约束),你们有的执行得比较好,但我不知道你们到底真正的上班时间是多少,员工都还可以。但我去超市了以后,发现那边更严重,超市员工连年休假都没歇。这从一个方面表现,你们对工作非常认真、忠诚,从另一个方面表现,说明你这个人格局很小,因为你放不下,害怕出事。所以说你理念上是落后的,没有意识到自己的行为对基层的这种影响,因为你们不放权,别人咋成长。
>
> ——于东来分享

在企业管理中,驱动力是一个常谈不衰的话题,因为它关乎着企业的命运。不仅是企业,还是员工,都需要驱动力,只有当团队目标与个人目标高度一致,团队的效率才会大大提高。对于员工而言,外驱力就是外界或他人给的驱动力,比如养家糊口的目标,或为了完成父母的愿望,等等。而自驱力则是自己的精神世界产生的驱动力量,比如,我想要拥有什么,我想要实现什么⋯⋯

外驱力和自驱力有着显著的区别:首先,**外驱力的大小与外界的推动有很大关系**。比如对于一个上班族来说,工资可以是他的外驱力,月薪五千和月薪一万所产生的外驱力就不一样,薪水越高外驱力越强。但自驱力就不同了,当一个人精神世界产生某种意愿,比如想要创作一部作品,或挑战某个难题时,他所产生的自驱力会自动满格,促使他夜以继日,忘掉一切外界打扰,去做自己想做的事情。

有一个有趣的故事,能形象地说明外驱力和自驱力的差别。一位老者居住在小镇中心的一栋房子里,在他房子的不远处摆放着一排垃圾桶。每到中午时分,都会跑来几个小孩,他们把垃圾桶当球筐,在那里练球。叮叮咚咚的吵闹声以及跑跳声让老人家没法休息。他先是走出去阻止,告诉孩子们,不要踢了,太吵了。但说了好多次,这些小孩子没有一个听话的。老人午休不好,导致整个下午都无精打采。如果再这样下去,估计身体会吃不消。但直接阻止没有用,到底该怎么办呢?

老人想到了一个好办法。当小孩们又跑来踢球时，他没有阻止与呵斥，而是把他们全叫过来，说感谢他们每天踢球来给自己解闷，还给了他们每人一个冰激凌，并让他们明天再来踢。孩子们吃着冰激凌开心极了。第二天，他们又准时来到老者的家门口，这次，老人给了他们每人一个橘子。几个孩子嘀咕着，怎么换成橘子了呢，这没有冰激凌好吃呀！第三天，他们又来了，这次，老人只给了每人一块糖。孩子们不高兴了，其中一个领头的说："越给越少，明天不来了，换地方。"就这样，老人家重新获得了清净。

最初，这些孩子们来踢球，是因为踢球这件事本身给他们带来了愉快和满足，也就是说，他们是在自驱力的作用下来做踢球这件事的，所以，想让他们改变是很难的。但后来，通过给冰激凌的方式，让他们获得快乐和满足的自驱力转变成了由物质（冰激凌、橘子、糖）支持的外驱力。当外驱力减弱或消失时，他们就失去了在老人家旁边踢球的意愿。可见，外驱力和自驱力存在差别的同时，也能通过一定手段进行转换。

此外，**外驱力和自驱力还有一个明显差异就是持续时间不同。** 以外驱力是薪水来举例，当薪水提高时，外驱力会跟着提升，但薪水降低时，外驱力则会减弱甚至消失。可见外驱力所产生的能量是起伏不定且有间断的。但一个人一旦产生自驱力,那种主动自发的热情则会持续不断。从以上介绍中,我们很容易明白一个道理:有自驱力的人,更有前进的动力。而培养出员工自驱力的企业,将会获得更多的创新和竞争优势,实现企业和员工持续的成长和成功。

那么,如何培养员工自驱力呢?

首先,**鼓励员工自主决策**。领导者不要过度揽权,把权力下放给员工,让每一位员工都能在自己工作范围内得到最大的决策权。在于东来的分享中,他曾多次提到,"领导者要放权""你不放权,别人咋成长"……放权就意味着让员工自主决策。在胖东来,自主决策分为两方面:

第一方面,门店自主经营。从于东来开第一家分店开始,他就一直秉持着"自主经营"的理念,店铺要怎么管理、卖什么货、定什么价、用什么人,店长自己说了算。这样做的好处就是,充分调动起了各门店的积极性。于东来不管人,他管的是文化,提供的是对企业的支持。

第二方面,员工自我管理。这从胖东来制定的各种岗位实操标准就能看出来。在多数企业中,会花重金请专业的管理咨询公司去帮助企业制定岗位标准及实操规范等。但这样做的弊端是,让别人设计出要求由自己执行,员工多多少少会产生抵触心理。而且就算再专业的管理咨询公司,也不如员工自己更了解自己这个岗位到底需要什么样的标准和规范。所以,在胖东来，这些岗位实操标准全部由各部门的员工自己设计。在执行中如果发现哪些不合理，那就重新修改；如果有哪些是之前没想到的，那就重新增补；如果有哪些措施已经过时了，就把它删除掉。所以，这些实操标准是动态的，随时都有员工进行编辑修订。这个过程所反映的，就是员工的自我管理和自我调整。

不管是门店自主经营还是员工自我管理，本质上都是一个将外在动因逐渐内化的过程。也就是说，通过外在的激励和引导，员工逐渐将这些外在动因内化为自身的内在动力和动机，这不就是自驱力形成的过程吗。

其次，**向更专业的方向发展**。于东来在一次谈话中说："提高员工专业水准是胖东来坚定不移的目标，我希望5年以后，所有员工都能达到三星级的水平，再经过10年~20年的努力，更多的人能达到四星级、五星级，其中起码还会有5名'马未都级'的专家。""在专业的基础上不断完善岗位标准，努力成为这个行业的专家，使自己更有成就和价值，更自信，更投入你的工作，更能感受工作是你生活的一部分，明白喜欢工作也很快乐。"当一个人能从工作本身体会到精神上的愉悦时，那种全情投入的内驱动力就慢慢出现了。

虽然培养员工自驱力是一个不容易且漫长的过程，可一旦员工具备了这种能力，不管是对个人的影响，还是对企业的影响，都是正向且积极的。

> **经营之道**
>
> - 外驱力是由外部物质条件对个体产生的力量,自驱力是由个体精神世界产生的力量。相比较而言,自驱力更稳定且持久。
> - 鼓励员工自主决策和培养员工的专业性,都能很好地激发员工自驱力。

让每一位员工都成为持股人

> 从2002年开始,每年赚的钱大概要分掉80%,其余的20%我自己花。再后来,越分越多,这种分配政策一直延续到现在。因为分配体制好,所以大家都非常真诚地投入,我怎么要求,大家都认真地去做。1995年发奖金,从1999年开始分股份、分红,一直到现在。
>
> ——于东来分享

让企业员工持股,实际上就是股权激励制度。**所谓股权激励,就是企业给予员工部分股东的权利,从而使员工和企业结成利益共同体。** 企业发展得好,钱赚得多,员工就分得多。员工从传统企业中雇佣者的身份,一下转变为企业合伙人的身份。这其中的变化不单单是身份和赚钱的多少,更是员工愿力的提升。即员工愿意与企业的意愿产生连接,在这种情况下,员工的使命感和责任感提升，工作积极性提升，企业很难发展不好。

在郑清平的《共富精神：开启新商业文明善商时代》这本书中，提到了一个关于对全员持股企业和传统企业的员工工作心态的调查，结果是这样的："全员持股企业的员工，工作积极性更高、责任心更强，工作计划更详细、具体且长远，个人成长规划也更具体；传统企业的员工的工作积极性相对较差，几乎没有长期工作计划和长远的职业生涯规划。"正是因为这两者之间的显著区别，所以国内很多企业开始实施员工持股的制度。比如华为、娃哈哈、小米等。虽说每一家企业关于员工持股的方案不同，但"共富、共享"的愿景是一样的。

早在1999年底时，于东来就开始思考如何给员工分股份。胖东来的股权分配方案是围绕着岗位进行的，即岗位股权制。也就是说，胖东来的股权是给某个岗位，而不是给某个人的。这就区别于很多企业，把股份直接以现金的形式卖给员工，员工持有多少股，年底就按多少股来领取红利。胖东来的分配方案不一样，他们给某个岗位的股份是不变的，而且随着岗位层级越高，员工分配到的股份就越多，这就把股权价值和岗位价值紧紧捆绑在一起。我们举个例子，这样能更形象地理解岗位股权制。

张三是胖东来的保安，假设胖东来给保安这个岗位设置的股份是1股。工作了三年后，张三因表现优异被提拔为后勤助理，假设胖东来给后勤助理这个岗位分配的股份是2股。又过了两年，张三经过公司培训，自己也努力工作，升任后勤主管，假设胖东来给后勤主管这个岗位分配的股份是5股。那么，张三前三年是按保安岗领取股份红利的，第四年、第五年是按后勤助理岗来领取股份红利的，从第六年开始，张三开始按后勤主管岗来领取股份红利。这种随着员工能力提升、岗位变化而产生变化的股份设置方案，能激励员工不断进步，从而使得企业拥有持续旺盛的生命力。如果有一天，张三从胖东来离职了，那么他便不再拥有这家企业的股份。也就是说，岗位股权制能够保证企业红利始终分享到能为企业创造价值的员工手中。这不仅起到了对有贡献员工的激励作用，还在一定程度上降低了人才流失率。

其实，**不管是哪种股权分配方案，只要是能让员工享受到企业红利，达到共富、共赢的目的，就都是好的经营方法**。从某种程度上看，设计合适的股权激励计划对于企业来说是非常重要的，不仅可以帮助企业吸引和留住优秀的人才，还能提高员工的工作意愿和忠诚度，推动企业持续发展。

那么，设置员工股权分配方案时，怎样设计才更合理呢？

第一，根据员工的个人价值和贡献值评估等级来分配股份。员工的个人价值包括平时的工作表现、专业技能以及创新能力等。员工的贡献值包括他们在团队中的合作精神、解决问题的能力以及对公司的忠诚度等。

第二,根据角色和岗位分配股份。比如公司的创始人通常会拥有更多的股权,因为他要承担的责任和压力要比其他人更大。除企业创始人之外,经理、副经理这些高层领导的持股比例要高一些,原因同上。其实,胖东来所施行的岗位股权制就是根据岗位来进行的分配方案设计。

第三,要确保分配方案的透明度和公平性。让员工了解股权分配的分配原则和计算方法,充分建立对公司的信任和认可。此外,还要确保股权分配方案符合当地法律法规。

第四,要定期评估并随时调整。股权分配方案制定后并不是一成不变的,要定期对股权分配方案进行评估,并对不合理的条款及时调整,以确保其持续有效。

第五,对一些特殊情况要有应对方案。比如要考虑员工离职,新员工加入等情况,设计出清晰且合理的退出机制,以及股权回购方案等。

总之,给员工以股权激励是企业拥有持续发展动能的有效方式,只有让每一位员工都成为持股人,大家才能共同撑起"众人拾柴火焰高"的局面。但如何分配股权才更适合自己企业的情况,需要根据公司的具体情况和发展阶段来制定。

经营之道

- 实施股权激励制度，就是企业给予员工部分股东的权利，从而使员工和企业结成利益共同体，共同推动企业的发展。
- 股权的分配方案有很多，设计时要根据自己企业的情况来"特事特办"。但不管是哪种股权分配方案，只要是能让员工享受到企业红利，达到共富、共赢的目的，就都是好的经营方法。

员工工资与企业成本之间的关系

> 让他们（员工）愿意干，让他们看到未来，而不是相互利用，相互利用怎么会长久呢，不长久也不快乐。所以说现在（管理层）团队不成熟。今年该挣多少钱不挣了，或者说是剩余100万，其他的都拿出来成就团队。只有高工资，你才能有高要求，低工资低要求。所以说，领导者要想的是怎么去成就团队。
>
> ——于东来分享

在过去很长一段时间内，企业的经营者都在最大限度地挤压员工工资在企业利润中的占比率，因为给员工的工资越少，企业的剩余利润就越多，经营成本就越低。经营者作为企业利润的最终获得者，他能拿到的真金白银就越多。毕竟，人性中有自私的一面。每个人都希望自己能获得更多，企业经营者也不例外。同时，人性中更有贪婪的一面，很多经营者不愿意主动给自己增加成本。所以，就出现了很多"周扒皮"的案例，可压榨、剥削员工的最终结局是什么呢？不言而喻，员工要么是消极怠工，要么就是积极反抗。可不管是哪一种方式，对企业的发展都是无益的。

后来，经营者们逐渐意识到：给员工吃草，将会迎来一群羊；而给员工吃肉，将会迎来一群狼。也就是说，老板发多少工资，员工就做多少事。而企业之所以发展缓慢或停滞，很大原因就是为企业操心的人太少。大多数员工因工资待遇低而缺乏动力去付出更多的努力，不愿意为企业操心。这就导致员工的工作效率低，而低效工作直接导致的就是企业的利润降低，利润降低就意味着各项成本提高。由此可见，员工工资越低，企业成本越高。相反，员工工资越高，企业成本则越低。就像通用电器的杰克·韦尔奇所说的："工资最高的时候成本最低。"

很多企业的发展不尽如人意就是因为经营者忽略了这一点，而胖东来之所以能成为业界神话正是因为意识到了这一点。胖东来的高工资、高福利我们已经说了很多，今天要讲的不是他们企业内部的故事，而是一个于东来帮助其他企业做提升的案例。

在河南南阳，有一家名为万德隆的本地企业非常有名气。2005年前后，他们已经拥有20多家分店，年利润在500万元左右。可是就算经营者再怎么带着大家努力，利润就是提高不上去。处在发展瓶颈阶段的万德隆当家人王献忠找到于东来，希望能得到真传。

当时，于东来的胖东来和王献忠的万德隆以及另外两家河南企业已结成联盟多年。看在同为"四方联采"兄弟的份上，于东来痛快地答应了王献忠的请求。但他同时也提出了自己的要求：第一，自己帮助王献忠管理企业一年，但在这一年里，自己身兼董事长和总经理二职，所有企业事务须由自己决定。第二，如果在这一年里，企业赚钱了，全归万德隆。如果企业亏钱了，则由于东来自己承担。

王献忠一听，这哪里是要求啊，分明是反正都赚的大便宜。首先，这一年自己不用劳心费力地为企业操心了。其次，于东来托底，保证企业不亏钱。所以，他二话没说就答应了。

于东来很快走马上任。他上任的第一件事不是做店铺升级改造，也不是做企业台账核查，而是召集万德隆的管理层开会，会议议题就是：给全体员工涨工资。而且，涨幅之大让人瞠目结舌。在王慧中老师的书中，对于东来给万德隆员工涨工资有着详细的记录：

理货员：月薪600元涨到900元，涨幅达50%；

中层干部：月薪 2000 元涨到 5000 元，涨幅达 150%；

店长：月薪 5000 元涨到年薪 20 万，涨幅达 230%。

此外，于东来还给 20 位店长分别每人配备了一辆车，并承诺只要在万德隆干满 6 年，离开时就能把车直接开走。面对如此优厚的薪资福利，每一位员工的心底都乐开了花。再干起活来，那种澎湃的精气神儿都是以往没法比的。结果一年下来，万德隆不仅一分没亏，反而赚了 1000 万。当然了，于东来所做的企业调整，肯定不止涨工资这一件事，他还帮万德隆健全了企业制度，等等。

从这个案例中可以看出，虽然员工工资上涨了，但企业利润同样也大幅升高，在这种情况下，企业成本实际上并没有增高多少。所以，员工工资与企业成本之间的关系绝不是"你涨我也涨，你低我才低"的关系。相反，如果把人才成本加入企业成本之中，人才的流失或使用不当给企业造成的损失，才是不可估量的。

所以，**从一定程度上看，提高员工工资并没有增加企业成本，反而会给企业发展带来一系列正向效应。**

首先，**提高员工工资能够增加员工的工作动力和积极性。**假如，同为理货员岗位，月薪 2000 元和月薪 4000 元的员工，肯定是后者更有积极性，他在工作中肯定更竭尽全力，更严格遵守公司制度，因为他更怕丢了"饭碗"。当员工竭尽全力投入工作时，最明显的表现就是工作效率的提升。这可以为企业带来更高的生产力和竞争力，进而提高企业的利润。

其次，**提高员工工资也有助于企业留住优秀的人才和吸引新的人才**。要知道，人才就是竞争力。要想留住企业中的优秀人才，良好的薪资待遇是重要因素之一。同时，避免人员流失也能减少招聘和培训新员工的成本。此外，一个企业的高薪同时也能吸引优秀人才的加入，从而提升企业的竞争力和创新能力，为企业创造出更多剩余利润。

除此之外，提高员工的工资也有助于拉动内需。因为员工工资提高的同时，他们的消费能力也会增长。消费能力提升就能拉动内需，当社会经济进一步发展后，对于促进企业的发展和利润增长也有积极的影响。总之，经营者应该综合考虑员工工资对企业的影响，将人才成本纳入企业成本的考量中。只有这样，企业才能更好地管理和利用人才资源，实现长期的可持续发展。

经营之道

- 员工工资低,导致主动性、创造力低,进而使企业利润降低,企业利润的下降会增加企业的成本压力。从这个角度看,员工工资降低并不会使企业成本降低。
- 提高员工工资会给企业发展带来一系列正向效应,首先会增加员工的主动性和创造力,其次会留住优秀人才并吸引外部人才,为企业发展增加动力。

企业只是大家共同致富的平台

你说你企业经营不好，那肯定是团队不成熟。团队不成熟，先成就团队，根据自己企业的能力，先让大家愿意干。然后再确定方向，方向有了找方法，方法只要对问题不就解决了，做企业很简单。你问我团队流失率高怎么办？流失率高是你的团队看不到未来，感受不到尊重，感受不到希望。没了希望魂就不在了，所以先要留住他（员工）的心。留住心不是发多少工资，根据你企业的经营能力，只要体现出真诚就行，挣得少慢慢来，哪怕是你现在发2000块，一样能走向美好。今后再挣钱了，挣了90%都给大家分了。那大家是不是就有希望了。

——于东来分享

在《现代汉语词典》中，对"平台"这个词的解释有四种，其中一种是：泛指进行某项工作所需要的环境或条件。要演出就要搭建舞台，要种植就得寻找土地，要想共同做某项工作就得创办企业。单从名词解释的角度看，舞台是平台、土地是平台、企业也是平台。所以，从本质上讲，企业不单独属于任何一个人，企业是一个为各方创造价值和财富的组织形式，是一个大家共同工作、共同致富的平台。

尤其是随着数字化和信息技术的迅速发展，企业平台化已经成为许多行业的发展趋势，就像海尔集团的创始人张瑞敏说的："企业平台化是大势所趋。"**企业不是某某人的企业，而是大家共同创业的平台。**每一位员工都可以在这个平台的支撑下成为创业者，凭借自己的专业技能使自己的那份事业越做越好、越做越大。

胖东来现在做的以及一直追求的，就是利用企业这个平台，成就更多人。他想成就员工，想让每一位员工都成为自己工作范围内的专家。通过胖东来这个平台，带领每一位员工"创业"，带领每一位员工共富，带领每一位员工感受生命的自由与美好。当然了，他的共富对象可不只是员工，还包括所有的合作伙伴，以及更多人。

在胖东来的很多家门店，都能看到类似名为"设备设施供应商名录"的牌子，上面有胖东来商超所使用的各种软硬件产品的供应商名称、电话、联系人等。为什么要这样做呢？因为经常会有同行或其他行业的学习者去胖东来学习参观，如果大家对某种产品有需求，可以自行联系。这对于与胖东来合作的伙伴们而言，既是宣传，又是商机。举个简单的例子，A企业到胖东来某门店学习，发现他们的电子秤不错，也想购买同款。那么就可以直接按照供应商名录中提供的联系方式去找电子秤厂家。这样不仅电子秤厂家扩大了销售，A企业也节省了采购的人力成本。这样看来，从胖东来这个平台受益的不仅是企业员工，还包括很多利益相关方。

当然，胖东来分享的可不只是供应商名录。在胖东来商贸有限公司的企业网站中，"百科"模块中有实操标准、规章制度、客服标准以及专业知识等，可见，他们还分享了企业管理的理念和方法。这对于很多企业而言，可是企业建设的护城河，是商业秘密。可胖东来则非常大方，其主要原因就是，它早已将自己视为一个共享的平台，希望员工、顾客、合作伙伴，甚至是所有人都能从这个平台中获益，不论是物质层面的获益，还是精神层面的获益。就像于东来在讲话中说的："让企业更美好，让员工更美好，让城市更美好，让社会更美好，让人类更美好，这就是胖东来企业存在的意义。"

让企业成为大家共富的平台，既是大势所趋，也是每一家企业在竞争激烈的商业环境中立足和发展的根本方式。我们已经知道了平台化是符合时代发展潮流的，那么，企业要变成什么样子才算是实现大家共富的平台呢？

首先，企业要完成从管理者到服务者的转变。这意味着**企业要从过去的单向管理模式转变为与员工和客户进行互动和合作的服务模式，即企业不仅是管理者，更是平台的维护者和协调者**。作为维护者，企业需要提供良好的工作环境，并拥有可落实到制度上的企业文化，为员工创造一个有归属感和认同感的工作环境。作为协调者，企业一方面应该积极倾听客户的需求和反馈，不断改进产品和服务，以满足客户的期望。另一方面，企业还应该与员工保持密切的合作和沟通，确保员工能够理解企业理念并落实各项制度，以便为客户提供更优质的服务。

其次，员工既是企业的执行者，又是项目的管理者。在平台化的企业中，所有员工仍然要遵守企业所制定的各项制度，从宏观角度看，依旧是企业的执行者。但每一位员工同时又是自己项目的管理者，要对自己的项目负责。因此，从微观角度看，每一位员工又是项目管理者。比如在胖东来，所有员工包括店长、课长以及基层服务人员都需要遵守企业制度，理解并认同企业文化，大家都是这家企业的执行者。但每一位店长都拥有对店铺的自主经营权，每一位课长也拥有对项目的决策权。所以，他们也是店铺或项目的管理者。

最后，企业与员工共享利润。这一点就很好理解了，因为给员工分股份，给员工分享财富，都是共享利润的表现。除了胖东来，国内很多企业都已经意识到共享财富的重要性，比如华为，创始人任正非所持有的企业股份，连百分之一都不到，其余股份由全体员工拥有。而娃哈哈这家企业，不仅财富由全体员工共享，而且创始人宗庆后先生，还曾将全员持股的提案带上了两会。可见，**利润共享是企业平台化的重要组成部分，它体现了企业对员工的重视和尊重，也是实现大家共富的关键之一。**

总之，在以互联网为主要媒介的商业时代，企业是大家共创、共富的平台。在这个平台上，员工不仅是执行者，还是创新者和合作者；客户不仅是消费者，还是合作伙伴和价值共创者。企业必须与员工和客户共同构建起一个生态系统，实现资源共享、信息共享和利益共享。

经营之道

- 企业是全体员工共创、共富的平台。企业平台化既是大势所趋，也是每一家企业想要在新商业时代立足和发展的关键因素。
- 在企业这个共富平台上，企业不仅是管理者，更是平台的维护者和协调者；员工不仅是执行者，更是项目的管理者。

4

为顾客着想不是说说而已

从外部看来，胖东来火"出圈"的秘密：一个是给员工高工资，另一个就是对顾客超级好。好到什么程度呢？好到顾客买东西帮提购物袋，买裤子帮扦裤边；好到顾客带着宠物来购物，还能把宠物安放在冬不冷、夏不热的寄存中心；好到店里没有的物品，可以为顾客单独提供代购，还送货上门；好到顾客已经吃了一半的东西，还能退货……

这种好不像是对顾客，反而是像对家人。就像于东来经常对员工们说的："不要把顾客当上帝，把他们当家人。"对上帝，你心中可能只有敬畏，没有感情。而对家人，你一定是满怀深情，才能想他们所想，急他们所急。

顾客说好才是真的好

> 让每位顾客满意，不是说在我们嘴边的一句话，而是我们经商人的责任和使命，更是我们崇高的精神价值和自我价值的体现……只要我们坚持正确地向善良的发展方向，围绕着顾客的利益、社会的利益、员工的利益不断努力地展开工作，注重好每一个细节，处理好每一个案例；只要我们有魄力做到首先承担责任，用智慧、用一颗宽容的心处理问题，把坏的事情变成好的事情，让顾客由生气到感动，那我们身边将呈现的是无穷的大爱的力量。
>
> ——于东来分享

对于零售企业而言，最大的成功就是让顾客说好。因为每一个满意的顾客就是一条活广告，他会向身边的亲戚朋友宣传。当其他人带着好奇心来光顾时，如果再让他们觉得好，便又形成了一波宣传潮。所以，一旦得到顾客的认可，让顾客觉得你很好时，形成的宣传就像海浪一样，连绵不断。这比企业自己花重金去做宣传推广，效果更具持久性。

许昌只是个三四线城市，常住人口几百万。虽说购买力肯定不及北京、上海、广州等大城市，但如果将生意做好，还是有利可图的。可凡是到许昌来落脚的商超企业，却没有一个能顺利扎根，可以竞争过胖东来的，这是为什么呢？就连沃尔玛、世纪联华这些大型连锁商超企业也是一样的。究其原因，还是胖东来让顾客觉得好，让顾客产生了依赖感，进而形成了持续购买力。要知道，企业能否赚到钱，与老客户的成交量息息相关。因为开发新客户所耗费的各项成本可能远远高出成交收益，但老客户因信任而持续购买产生的收益则是企业实实在在的利润。

说到这里，可能很多人想要知道如何能让客户产生依赖感。在于东来的一次讲话中，他举了一个卖花生的例子。说以前人们卖花生时，一块二一斤。顾客就问能不能便宜点儿？卖家就说：行，给你一块一。等称量完之后呢，顾客又说：再给点儿吧。痛快的卖家又抓了一把放在袋子里。对此，于东来总结说："你叫人家占便宜，占得越多，回头率越高，那不就妥了吗！你不挣钱，还能落个人气。再说谁也不是真的笨呀，他买得多了，肯定会让你挣点的。"

咱们试想一下，刚才说到的买卖场景该是多么和谐与快乐。因为就算我们没机会去胖东来购物，但在我们平日的购物经历中，肯定有过类似的情景。而正是那一两次占便宜所产生的愉快心理，会促成我们下一次还去光顾，这就是持续购买力形成的过程。也就是说，**在与客户建立最初信任之时，让对方占点便宜，更容易构建良好关系。因为你的小小慷慨之举可以给客户留下深刻的印象，让他们感受到被重视和关心，从而建立起对企业的初步信任。**

除此之外，提供个性化的服务体验，也能让顾客产生依赖感。在胖东来内部，流传着一个"敲鱼台"的故事。

一位顾客到胖东来超市的生鲜区买鲫鱼，而且一下子就要了五条。当时为这位顾客服务的是生鲜区的员工闫顺峥，小闫在顾客的要求下，为她选了五条鲜活的鲫鱼，然后按照当时的处理办法，分别把这五条鲫鱼重重摔到地上。但当小闫正打算把摔死的鲫鱼送给杀鱼间的师傅处理时，这位顾客突然说不要这五条了，要另选五条。

当时顾客所选购的是店里最贵的一种鲫鱼，五条就得上百元。如果顾客不要这五条鱼了，意味着损失都要小闫自己来承担。但为了让顾客满意，小闫重新为她挑选了五条鱼。这一次，顾客特意叮嘱小闫,让他直接把活鱼送到杀鱼间让师傅们帮忙处理。后来,在小闫的询问下才得知,原来这位顾客全家都在医院上班,对卫生要求很高。这位顾客认为把鱼摔到地上,鱼身上会有伤口,而地上有细菌,这样鱼就很容易被细菌给污染了。

闫顺峥听后连连点头,当买鱼的顾客高高兴兴地离开后,他第一时间将此事上报给主管领导,并建议超市安装一个专门用来敲鱼的装备,这就是后来的"敲鱼台"。不久后,当这位顾客再次光顾胖东来时,他对胖东来的改变颇为赞叹。就这样,胖东来因满足了客户的个性化需求,而留住了一个长久的客户。

每一位客户都有其不同的特点,不同的生活习惯,所以服务并不是千篇一律的。**要针对客户的需求点提供有针对性的服务,才能真正满足客户的需求。**就像并不是所有顾客都对把鱼摔到地上产生疑义,但只要有顾客提出来了,就意味着这是需要解决的问题。胖东来的服务是怎么不断完善,从而做到极致的,上面的故事可能会给大家一些启示。

不管是让顾客占一点便宜,还是提供有针对性的服务,本质上都是想获得顾客的认可,因为只有顾客说好,那才是真的好。

经营之道

- 让客户占点小便宜是促成成交的有效方式之一。因为客户能从慷慨之举中看到你的关心和重视,从而产生对企业的依赖感。
- 为客户提供有针对性的服务,才能真正满足他们的需求。

用真诚赢得顾客的认可

> 让顾客很清晰地感受到你的真诚，那你的路就开始慢慢向好的方向去发展了。忘掉过去，过去的你不真诚，那已经过去了。从现在开始，真诚地去卖，来一个顾客你就要真诚地对他，你不要再想着去拉多少顾客，而是想着过来一个顾客，培养这个顾客。让他信任你，让他愿意回头再来买。顾客信任你，顾客再去给你做推广，那这样你就轻松多了。所以，坚定真诚地去做，这条路一定会越来越好。
>
> ——于东来分享

从古至今，诚信经营都是中国商人崇尚的经商之道。孔子说："人而无信，不知其可也。"意思是人如果没有诚信，就无法在社会上立足。不仅为人如此，经商更是如此。诚信包含两方面的意思，一是真诚，二是不欺骗、不说谎。借鉴到商业领域，即要真诚地对待顾客，不卖假货，不搞欺骗，做到公平交易，诚实买卖。

在讲如何用真诚赢得顾客之前，我们先来看一个不真诚的例子。

前些年，厨具市场上曾横空出世了一款品牌为胡师傅的无烟锅。其发明人胡金高说，他这款无烟锅所使用的材料是制造宇宙飞船所用的锰钛合金和紫砂合金，这两种材料的好处是，能把锅体的温度控制在油烟挥发的临界点240℃以内。也就是说，即便灶火再怎么猛烈，只要用他的锅，都不会产生油烟。

当时，广大消费者对于健康的追求很迫切，都知道油烟所产生的有害物质会危害人体健康。所以胡师傅无烟锅一出现，就掀起了狂热的购买潮。然而，很多买了锅的消费者，在使用过程中发现，这款锅并没有像宣传中说的那样没有油烟，相反，不仅油烟环绕，而且锅内的涂层还容易脱落。

在接到很多消费者的投诉后，有关部门对胡师傅无烟锅进行了调查，检测结果发现，这锅根本不是由什么锰钛合金或紫砂合金所造，而是普普通通的铝合金产品。在进一步对企业和创始人的调查中，胡金高承认自己欺骗了消费者，所谓的制造宇宙飞船的材料就是他信口胡诌的。就这样，红极一时的胡师傅无烟锅很快销声匿迹，而且企业为其欺骗行为付出了巨大的经济代价。

从这个故事中可以看出，欺骗消费者可以换来一时的利益，但损失掉的是企业继续发展的机会。企业是否真诚，可能通过一两次的接触，客户并不能深刻感受。但如果企业不真诚，一次上当受骗的经历，就会使客户敬而远之。所以，胖东来提倡的"以真品换真心"就显得格外真诚。因为，诚信经营之本首先是要做到保真，没有欺骗。

再者，真诚就是公平对待每一位顾客，就如胖东来在《企业文化手册》中说的："胖东来强调对'每一位'顾客，不论贫富，不论是否购物，一视同仁地给予尊重和热情。"

在新乡胖东来医药部工作的郭秀荣曾讲述过一个她亲身经历的故事。一天深夜一点多钟，她正在医药部值夜班，顺着售药的小窗口，她看见远远走来一个人。那个人走近后便问有没有感冒药。郭秀荣一看，来人脸色非常不好，应该是正在发高烧。问清症状后，她就到柜台里取了药给他，并告诉他药费一块五。那个人满脸疑惑地重复了一句："一块五？"郭秀荣肯定地说："是的。"听到确认后，来人才放下心，伸手打算接药。可当郭秀荣看到对方伸过来的黑乎乎的双手时，心想这么不干净的手，怎么吃药呢。于是，她赶忙接了一杯水，帮顾客先洗净了双手，然后又重新接了水，让顾客把药吃了。顾客吃完药后，又连喝了几杯水，看着顾客大口大口喝水的样子，郭秀荣心中五味杂陈,心想出门在外太不容易了,能帮一定要帮。

后来,这位顾客边喝水边抹着眼泪说:自己是开封的,到新乡来卖西瓜,谁承想路上着凉感冒了。来之前就听老乡们说,"胖东来人"可好了,今天一见才知道,"胖东来人"是真的太好了! 后来,每每回忆起这件事,郭秀荣总会说:"东来哥在咱医药超市门口张贴着'为人民服务'的牌子,我们一定要把售药服务做好。"因为既然打开窗,就要传递爱,传递真诚。

像这样真诚待客的例子,在胖东来比比皆是,并不稀奇。如果还有人想不透胖东来是凭借什么能占有许昌、新乡两地零售市场的大半份额,这就是答案。虽说真诚对待顾客并没有统一标准,但从以下几点出发,肯定能让顾客感受到真诚与关心。

首先,把顾客当成家人。如果能够将心比心,把顾客当成自己的家人一般对待,那么真诚待客就实现大半了。就像故事中的郭秀荣,如果她仅作为药店营业

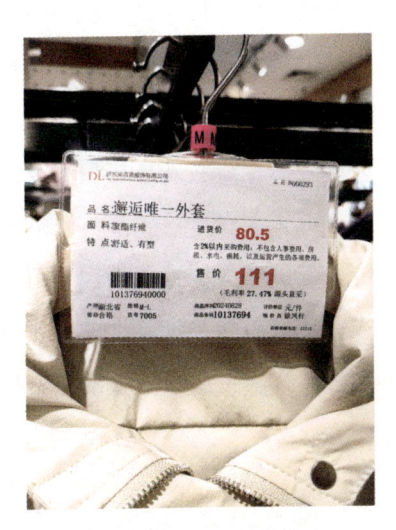

标注清晰的衣服价格

员来接待顾客，那么卖出药就实现目标了。可当她看到顾客不干净的双手时，第一时间是想帮顾客冲手。当她看到顾客大口喝水时，想到的是对方可能渴了很久。这种只有对家人才会产生的换位思考与关怀，一旦用到工作中，很难不赢得顾客的认可。

其次，帮顾客解决问题。俗话说"雪中送炭见真情"，当顾客遇到困难时，企业所提供的帮助与支持，会得到顾客的高度认可和信赖。试想一下，这位在深夜得到郭秀荣帮助的瓜农，不仅自己会将这份感激之情铭记于心，而且还会成为胖东来的义务宣传员。对于一家企业而言，用这种方式换来的顾客更有忠诚度，更具稳定性。因为它源自对顾客的关注和关怀，与顾客产生了深度连接，而不是简单的交易关系。

最后，对顾客说实情。企业表达真诚的最简单方式就是真实，胖东来曾对外宣讲自己是一家透明的企业，而它的所作所为，也正契合了这一点。比如在衣服的定价上面，直接标出进价，差价多少钱消费者肉眼可见。再比如它处理店内纠纷的方式，是查录像，谁是谁非公平无私。真实是一种情感纽带，也是将顾客与企业紧密联系在一起的最简单的方式。

经营之道

- 真诚待客首先是不欺骗顾客,对顾客说实情。因为真实是人类之间最纯朴的情感纽带,也是将彼此紧密连接在一起的最简单的方式。
- 真诚对待每一位顾客就是抛弃身份、地位等外部因素,将人与人之间的真诚和尊重放在首位。

唯有细节更动人

> 我们要想做好这个超市,我们的超市应该具备什么样的能力,是什么样的状态,我们的卖场应该怎么设计,卖场的硬件应该怎么规划,然后卖场的员工人员配备应该怎么规划,然后我们的商品应该是怎么规划,我们的运营系统、我们的财务系统、我们的后勤安保系统应该怎么做,都要跟上时代的步伐……各个方面我们都要体现出这种应有的专业。
>
> ——于东来分享

老子有句话说:"治大国,若烹小鲜。"老子将治理国家比作烹饪一条小鱼,只有不急躁,不乱动,把握准火候,所有细节做到位才能做出味美色鲜而完整的鱼来。可见,微细之处方见真功夫。老子还说:"天下难事,必作于易;天下大事,必作于细。"这话同样也在讲细节之于整体的重要性。

在企业经营中，员工注重细节对于提升工作质量至关重要。 因为通过对细节的关注，员工能够及时发现并解决问题，从而使项目日趋完善，同时也能提升员工的专业素养。当企业将这种对细节的关注体现在与顾客的互动中时，会得到顾客更多的认可和信赖。因为顾客往往更加注重细节，他们希望得到的不仅仅是产品或服务本身，更希望得到一种体贴周到的关怀和呵护。而且，从另外一个角度看，如果企业能够将细节呈现给顾客，顾客对你的专业程度会更加认同。

一位做出版的前辈，对我讲过这样一个故事。在她还在出版社做编辑时，一次，她把装订出的样书拿给领导看，这位领导在翻阅过程中，觉得某页的排版格式有点不对劲儿，发现几个字的字间距不均衡。然后，这位领导就找来尺子，对看上去字距不等的地方进行测量。结果一量才发现，确实存在偏差。然后，这本即将开始全部装订的书稿就被退了回来。于是，她就从第一页开始，重新检查内文字间距的问题。虽然到最后，存在字距问题的只有那一页，但还是责令对那一页进行了重新印刷。事后她的领导对她说：做事，细节才是关键。这件事以及领导对她说的那句话，她始终牢记于心。在后来的工作中，以至她升任领导的那个位置之后，她对自己、对同事都是如此要求的，那就是做事要注重细节。

企业注重细节，能使产品或服务更加出色，从而提升竞争力和市场地位。就像这位做出版的前辈，相信凡是经她手的出版物，必不会出现差错率过高等质量问题。高品质的产品，是一种珍贵的资源和优势。这种优势是企业赢得市场和客户的利器，也是成功营销中不可或缺的重要环节。

现在，我们已经知道了注重细节能够使工作更完善。那么，如果企业将这种对细节的重视传达给顾客，会有怎样的收获呢？

首先，顾客会感受到企业的专业和用心。在胖东来，企业所带给顾客的这种细节感受随处可见。比如在卖西瓜的专柜，除了整齐摆放着不同品种的西瓜外，墙壁上还张贴着"西瓜常识"的小专栏，分别向顾客介绍了不同品种西瓜的外貌和口感

方便顾客使用的医药箱

等；再比如，每年菠萝上市的季节，顾客在等待给菠萝削皮的时候可能会比较无聊，所以工作人员会一边削皮一边给顾客介绍菠萝的吃法、健康功效等；针对购物袋不好捡开的问题，胖东来专门配备了湿手器；针对选取完果蔬后手脏的问题，胖东来专门在购物区附近安装了洗手池。当客户看到这些细节，或亲身体验过这些细节后，怎么会不为企业的专业和用心所折服呢！

其次，顾客会对企业进一步产生依赖感。当企业成为顾客口口相传的信任和信赖之源时，就意味着企业已经建立起了良好的品牌形象和美誉度，这是比任何金杯、银杯都重要的，也是每一家企业都极度渴望获得的——口碑。就像很多许昌人到外地出差，面对各地参差不齐的服务时，总会不禁感叹：你们大城市的超市还不如我们许昌的胖东来。

在王慧中老师的书中，她讲了一段自己的亲身感受：从许昌回到上海后，她与朋友一起去吃饭，坐在上海的高档餐厅里，却忍不住地感慨：这里不如许昌好。她的朋友就很疑惑，上海这么大的城市，要什么高档餐厅、特色美食没有啊，怎么会比不上一个小城市呢！于是，王老师就详细描述了几个细节：在胖东来的餐饮区，卫生条件是绝对不用担心的，因为他们曾做过三次测试，他们故意将垃圾丢到地上，然后被服务员捡起来的时间分别为 70 秒、15 秒和 50 秒。

至于口味,有一个关于煮馄饨的小细节很有代表性。胖东来的馄饨每锅下 20 个还是 30 个是有规定的,而且煮多长时间也是有标准的。也就是说,他们的精细化操作细化到了每一步。于是,在胖东来的影响下,许昌的绝大部分餐饮企业都执行着非常高的行业标准。

在这些细节的支持下,企业获得了顾客的持续依赖,积累起了可持续的竞争优势和品牌影响力。也就是说,得到顾客口碑的企业,比获得任何金杯、银杯都有用。

除此之外,在细节的包裹下,大到企业,小到每一个产品,都会显现出更丰富和真实的形象,从而更具有打动人心的作用。绝大多数具有光辉形象的品牌都是由无数个微小的细节

购物区的温馨提示

构成的，就像一说起海尔，顾客想到的就是无数个优质售后的故事。而一说起胖东来，从踏进停车场开始，细节服务就启动了。

世间万物，均由细节所构成。注重细节，能在重重包围中异军突起，而不注重细节，则会令千里之堤而溃于蚁穴。

经营之道

- 企业注重细节运作，可以有效提升产品及服务质量，从而更具市场竞争力。
- 在细节的支持下，企业品牌会显现出更丰富和真实的形象，更能贴近顾客，从而更具打动人心的效果。

顾客甘愿买单背后的秘密

> 对于工作事业……不热爱所做的事根本不会感受到快乐，必须从功利思想的漩涡中跳出来，否则我们只有靠外力带动自己，这样不会幸福更不会长久。只有内心的热爱和激情，才会让自己感受成长的欢乐，才会让自己笑得更灿烂恒久。我们要的是快乐，不是无止境的对物质的贪婪。物质只是证明我们品德和能力的标尺。
>
> ——于东来分享

身为消费者，我们为什么会为某项服务或某个产品买单？这个看似简单的问题，答案却并不单一。有时候，我们因为需要或喜欢而购买某项服务或产品。但有些时候，我们并不需要也并不喜欢，仅仅就是因为提供产品或服务的一方让我们感受到了愉快。比如，在我家小区的对面新开了一家面包房，我并不是甜食爱好者。但每次去隔壁的超市买东西都会经过面包房，面包房的小姑娘都会甜甜地微笑着打招呼"早啊姐""去买菜呀姐"……总之，每回经过面包房，小姑娘都会打招呼，就因为她的这一举动，我每次外出都很开心。不知不觉中，我去买了第一次面包。后来，我成了她面包房的常客。我去买面包是因为需要或喜欢吗？不是的，我不喜欢吃任何甜食。我之所以成了面包房的常客，是因为在那里，我获得了愉快的情绪体验。

情绪是我们日常生活中不可或缺的一部分，它通常被分为积极情绪和消极情绪。积极情绪包括愉快、幸福、喜悦等；而消极情绪包括愤怒、焦虑、悲伤等。积极情绪和消极情绪不仅会影响人们处理问题的思维和行动，还会产生完全不同的价值。当我们处于积极情绪状态时，这往往会促使我们做出更加慷慨的购买决策，因为我们希望通过消费来进一步增强自己的幸福感和满足感。与此相反的是，当我们处于消极情绪状态时，则会抵触购买。也就是说，**通过满足客户的情绪价值，可以促进对方的购买行为。**

有一位顾客讲述了他在胖东来购买购物卡的经历。一天，他去胖东来闲逛，碰巧迎面走来一位保安。这位顾客就随口问了一句：到哪儿能买购物卡？保安非常热情地问："大哥，您要买购物卡是吗？请跟我来。"随后，保安就带领着这位顾客来到了八楼服务台，并将他引领到一位服务员那里，还告诉服务人员说，这位大哥想要买购物卡，给大哥介绍一下。离开前还叮嘱顾客，跟这位服务员沟通就可以了，如果您有其他需要，还来找我就行。这位顾客被保安的言行感动到，心里暖洋洋的，本来只是随口问了一句，并没打算买购物卡。但最后，他买了一张面值500元的胖东来购物卡。

在这里，顾客就是因为被满足了情绪价值而产生的消费行为。如果说，产品质量、产品价格是产品的显性因素，那么，通过服务所提供给客户的积极情绪则是促使他们甘愿买单的隐性因素。虽然看不到、摸不着，但隐性因素却起着至关重要的作用。为什么满足客户的情绪价值在消费过程中这么重要呢？

首先，**产品要做到独一无二很难，但服务可以**。就拿商品零售行业来举例，比如某家超市引入了五种不同品牌的饮用水，而在另外一家超市，也有这五个牌子的饮用水，也就是说，两家超市中饮用水产品是一样的。那么，如何形成自己的竞争优势呢？只能在价格和服务上做文章。关于价格，制定超低的售价确实可以吸引到顾客，可一旦低价期过去，顾客的消费行为也会随之消失。如果保持低价，超市就会陷入利润减少的困境。所以，打价格战是非常不理智的商业行为。那么，除了价格以外，在产品品种类似的情况下，通过服务来提升竞争力更为可行。给顾客提供个性化的服务，让他们体验到被关心，从满足其情绪价值角度出发，给顾客带去更好的购物体验。用句通俗的话讲，反正是一样的东西，一样的价格，从哪里买更开心，这个东西的价值就更高。由此可见，通过满足消费者的情感需求来提升竞争力，是更独特的商业策略。

其次，情感所产生的力量更巨大和持久。通过满足客户的情绪价值，使其与产品或企业产生更密切的情感连接，这样不仅客户本人会成为产品或企业的"死忠粉"，他还会起到义务宣传的作用。也就是说，这种情感支持的背后不仅出现了一个忠实用户，还出现了产生更多忠实用户的可能性。

比如，我们前面讲过的那个瓜农深夜买药的故事。一般来说，深夜去买药一定是发病很急，而这种时候特别需要关心，尤其是像这位瓜农一样孤身在外的人，就更需要来自他人的情感支持。所以，胖东来药店的店员不仅卖了药给他，更给了他很多来自陌生人的关心，比如接水让他洗手，提供免费开水让他吃药，并询问病情给出温暖的建议等。在购药这种消费行为的背后，胖东来店员提供的更多的是情感支持，从而让这位顾客感受到了关怀和温暖，这是任何冰冷产品都不能产生的价值。

当然了，人非草木孰能无情，当接收到对方的关怀后，人下意识的行为就是继续靠近他，进而信任他。如果将其引入消费过程中，就是持续购买力的形成，以及口碑传播度的提升。试想一下，如果那位瓜农再到新乡、许昌或禹州，当他需要买药或买其他物品时，可能多半首选胖东来，因为他已经跟这家企业建立起了情感连接。而如果他身边的亲戚朋友去到新乡，他也多半会叮嘱一声：买药、买东西一定要去胖东来，那里的人可好了！

有时，**商业行为并不单单是利益关系，而更多是建立情感连接和紧密关系**。也就是说，顾客甘愿买单，并愿意持续买单背后的秘密，更多是这种来自情感上的依赖。这种情感连接和关系的建立不仅能够增强品牌的竞争力和市场地位，还可以为企业带来更长久的商业成功。

经营之道

- 通过满足客户的情绪价值，可以促进对方的购买行为。因为当其产生快乐、满足等情绪体验时，则更倾向于与产品或企业建立连接。
- 商业行为并不单单是利益关系，而更多是建立情感连接和紧密关系。

客户需要和企业提供

> 既然选择了商业这个行业,我们所有的回报都是顾客给予我们的。我们商业的职责就是为顾客提供满意的服务、优质的商品、优美的环境和实惠的价格,我们为每一位顾客提供的服务保证让他满意是我们工作的基础,是工作的底线。你要是作为顾客,是不是也希望商家提供的服务温馨亲切?学会换位思考。
>
> ——于东来分享

一直以来,在大众的认识中,客户需要和企业提供之间应该是相互平衡的关系,即客户需要什么企业就提供什么。因为客户是企业存在的原因,他们的需求和期望驱动着企业的发展和成长。而企业则通过提供产品和服务来满足客户的需求,创造价值并产生利润。

除此以外，企业提供什么还与企业的文化理念、经营目标等有关系。就比如，胖东来的经营目标是"保障民生、提供时尚、创造品质和幸福商业模式"。"保障民生"这一条很容易理解，作为零售企业，面对的消费者就是普通大众，那么给顾客提供他们需要的商品，以此保障民生确实应该是企业经营的首要目标。但之后的"提供时尚"和"创造品质"所涉及的商品则明显区别于民生商品。一个做商品零售的企业，为什么要"脱离"群众呢？对此，胖东来的解释是："保障民生需求的基础上，通过科学的品类结构及功能规划，做好时尚、个性、特色的产品，逐步往与时俱进的思想、国际化的品质方向上进步，引导顾客简单、自由的生活理念！""为社会提供品质、幸福的商业模式与样板。"

可见，胖东来并非是脱离群众。而是在主营民生产品，为大众提供便利的同时，提供一些高端、有品质的商品来拓宽大众的视野，引领百姓向品质生活迈进。你看，一个有思想的企业绝不仅仅是客户需要什么就提供什么，而是有自己的商业思路，在实现自己的经营目的的同时，既实现利润，又推动社会进步。

那么，如何满足客户需要和企业提供呢？

首先，咱们来看客户需要。客户需要可以简单地说成客户想要获得什么，虽然说起来简单，但实际上它所涵盖的内容非常广泛，包括客户对产品或服务的各种期待。比如优质的产品、合理的价格、品牌的信誉度和企业的社会责任感等，都是客户需要的内容。而对于像胖东来这样的零售企业，客户需要既有对产品的，也有对服务的，还有对企业的。

客户希望企业能够提供丰富的商品。对此，胖东来在《企业文化手册》中明确规定，每一家超市，每一个卖场，要尽量做到为顾客提供品类多、功能全、区域清晰、层次分明的商品。所以，不论是果蔬、饮料，还是生鲜、熟食，胖东来都拥有品种丰富的商品。就拿苹果来讲，市面上有的品种胖东来几乎都有，比如新疆阿克苏苹果、黄金帅苹果、大凉山丑苹果、静宁红富士、蓬莱苹果、精品加力果等。

客户希望拥有更优质的购物体验。对此，胖东来除了在线下门店中提供"不满意退货""免费熨烫、缝边""免费对珠宝进行清洗、鉴定"等服务外，还开通了微信小程序和抖音商城等线上购物模式，以满足客户对更优质购物体验的期待。

客户希望能够从企业身上获得精神动力。虽然商业的本质是等价交换，消费者付出金钱，获得物品。但从另外一个角度看，消费者更期待能与企业形成长久的依赖关系，并从企业身上获得精神动力。就比如很多许昌、新乡的百姓们，一说起胖东来都是"我们胖东来"，当消费者愿意把自己和企业捆绑在一起时，说明他们对胖东来品牌有着深厚的情感认同和信任。这种情感连接已经超越了简单的交易关系，升华为精神上的支持或动力。

其次，说完客户需要，再来看企业提供。**客户需要是客户想要什么，企业提供则是企业打算给什么。这两者之间既有联系，又有区别。**从胖东来的经营目标可以看出，在主营民生商品的基础上，胖东来想要提供给顾客更有品质的高端商品。就像于东来在微博中说的一样，胖东来"重视商品功能规划，把商品分类做到，质量保证的基础上，简单、清晰、功能强，同时也重视辅助商品的重要价值，满足顾客更高需求"。

所以，在胖东来的卖场中，消费者能看到"白色恋人黑色巧克力夹心饼干""青森日本苹果"等价格不菲的高端商品。既然价格不菲，那销量就会降低，后续一系列问题要怎么解决呢？据胖东来的采购主管说，如果商品临近保质期，他们会打折销售，但这种打折是要保证商品价值的，因为于东来一直强调"商品也是有生命的，它有自身应该具有的价值，我们要尊重商品的价值"。如果打折还是没人买，则由内部员工一起分享，这样既体验了商品价值，又让大家感受了什么是更好的商品，一举两得。

看到这里，可能会有很多人产生怀疑，如果超市的商品都让内部员工吃了，那超市用什么盈利呢？对此，胖东来的采购主管也给了明确答案：胖东来的民生商品和品质商品的比例约为 8∶2，在约占 20% 的品质商品中，绝大部分都是亏损的，因为价格太高，普通百姓很难接受。但是，企业要有自己的想法，办出特色又必须引入品质商品。对此，胖东来专门设置了一项"商品预亏"的财务预算，主要解决的就是品质商品亏损问题。

从中可以看出，企业提供要想达到完美状态几乎是不可能的。民生商品不用担心滞销问题，绝大部分都能转化为企业利润，但仅仅保障民生，又无法引领消费时尚，所以，企业在经营过程中需要平衡多个因素，甚至在某些时候，要放弃某些因素，就好比在引领品质消费过程中，胖东来放弃了部分利润一样。但是，**在现代商业世界中，企业要想更有竞争力就必须有自己的特色，因此需要在满足客户需要和做出企业特色之间找到平衡点，让二者相辅相成，共同发展。**

经营之道

- 客户需要是客户想要什么，企业提供则是企业可以给什么。这两者之间既有联系，又有区别。
- 在现代商业世界中，企业要想更有竞争力就必须有自己的特色，因此需要在满足客户需要和做出企业特色之间找到平衡点。

急购热线背后的创新服务

> 商品的品类要齐全，有些东西如果我没有怎么办？我会去外边为顾客采购，甚至去对手店里买，也不会让顾客失望。最远的一次好像是一件单品用飞机空运回来的，当然这样卖一件单品是赔钱的，但是我愿意，因为我不想让顾客失望。我们做商业的就应该有这个责任去满足顾客的愿望。
>
> ——于东来分享

胖东来有一项特殊服务，叫作急购热线，就是顾客在店里没买到自己想要的物品，便可以拨打急购热线，请胖东来服务人员帮忙去购买。这个选购物品的范围不是许昌或新乡，也不是河南省内，而是全国范围。也就是说，即便你身在许昌，可想要的东西在北京，不碍事，胖东来帮你协调，帮你买到。对于一家企业来说，这是给顾客多么大的诚意。而对于顾客来说，这是多么意想不到的服务。当然，这也是胖东来极致服务的突出表现之一，只有想不到，没有不可能。

在这条急购热线的背后，是企业不断地进行服务创新的努力，更是企业表达出的最大诚意。**企业为什么要进行服务创新，因为顾客"众口难调"，还因为时代发展了，服务要与时俱进。当然，还有很多其他原因，但不管是何种原因，创新的目的只有一个，那就是让顾客满意。**

了解了企业服务创新的目的，我们还得知道怎样进行服务创新。

首先，服务创新来自基层，源于妙手偶得。服务创新与产品创新及其他创新还有不同之处，产品创新可能要依赖科研团队，但服务创新却并不来自专业人员。因为基层服务人员在与顾客的交往沟通中，更了解顾客需要什么，更知道企业服务要进行哪些提升。就像胖东来"敲鱼台"的设置，如果服务人员没有亲身经历，哪儿会有这项服务的出现。所以说，服务的创新来自基层服务者。同时，创新也并非故意得来，而是不经意间的妙手偶得。

胖东来被称为"零售界的海底捞"，从这个称呼上就能看出，海底捞也是极致服务界的一员"猛将"。那么，我们来看看海底捞的几项小服务是如何产生的。一名海底捞服务人员看到火锅汤溅到顾客的手机上,所以就出现了手机袋;看到顾客的眼镜被火锅热气蒙了一层雾,所以出现了眼镜布;看到女顾客的长头发粘在碗里,所以出现了发卡和发绳。这些看起来极其微小的服务创新,并不是挖空心思的"改良和设计",而是偶然间顾客的一点小需要,便促成了服务上的大创新。

其次,免费服务背后的甜头,谁吃谁获益。不论是胖东来的急购热线、缺货登记,还是海底捞的手机袋或眼镜布,它们都有一个共同的特点,就是免费。免费就是不用顾客掏钱,彻底消除了价格门槛。对于商家来说,提供免费服务可能会降低单次交易的利润,但从长远看,却能够吸引更多的消费者,增加客户群体,提高品牌知名度,并在未来创造更多收益。对于消费者而言,免费项目的出现则意味着很多商品可以没有顾虑地选购,从而促使消费行为的增加。

大概在 2015 年底,男装品牌海澜之家新增了一项免费扦裤边的服务。而且这项服务不仅包括顾客在海澜之家购买的裤子,还包括其他品牌的裤子。新服务一出,各个门店的门口都排起了扦裤边的长队。当然,在这项免费服务的促动下,海澜之家提升的不仅是品牌影响力,还有实实在在的销量。

可见,免费服务对于消费者而言是一项吸引力很大的福利，是非常值得企业投资的营销策略。到目前为止，胖东来的免费项目已经有 100 多个，未来估计还会增加。这 100 多项的免费服务，是胖东来对顾客的关心和细致服务的体现，更是企业不断进行服务创新的收获。

最后，服务创新要基于客户需求，但更要忠于事实。企业服务的每一次创新，虽然目的都是满足客户的需求，更好地为客户服务，但创新更要忠于事实，不能盲目求新求奇。提供紧随时代潮流的服务，确实可以获得众多消费者青睐，但这种好感多半是一时的，当大众猎奇心理消退后，便很少有人愿意再为这种"创新服务"买单。

大概在十几年前，北京新开了一家海鲜餐厅，不论从餐厅的装修风格还是食物的烹调口味，都十分迎合年轻人的喜好，而且它还有一个特点就是不提供餐具。服务人员将一张干净的餐纸铺在桌子上，将所有食物都摆在餐纸上，顾客洗净双手后，抓着食物大快朵颐。餐厅一开业便迎来了爆火的局面。很多年轻人都想去试一试这种全新的用餐方式，那里一度成了现在所说的"网红打卡地"。

后来，这家餐厅迅速在全国开了 50 多家分店，在不到一年的时间里赚了上亿元的利润。可惜好景不长，从爆火到陨落，也就两三年的时间，导致餐厅迅速衰落的原因有很多，其中一个便是不提供餐具。首先，中国人使用筷子、碗、杯等餐具的历史可以追溯到几千年以前，也就是说，使用餐具是我们由来已久的饮食习惯，这是事实。其次，不使用餐具存在一定的卫生安全隐患，这也是事实。可这家餐厅不从事实出发，盲目地进行所谓创新。起初，消费者贪图新鲜，可能会为这个噱头买账。但体验过后，顾客未必长久地喜欢。不考虑事实和可行性的创新服务是不稳定的，这也是餐厅没能获得持续发展的重要原因。

综上所述，**服务创新确实能为企业带来发展的动力，但创新也是有技巧的，同时创新也不是万能的。**在使用这把双刃剑的时候，企业一定要衡量利弊，综合考虑各种因素，从而真正从创新中获益。

经营之道

- 企业需要做服务创新的原因有很多，但最主要的目的只有一个，那就是满足客户需求。
- 创新不是万能的，创新需要考虑多种因素，要真的对客户有用，真的符合实际，否则创新并不会带来成功。

环境整洁背后的价值

> 每一个部门都要做好商品规划，我们企业走的路线不是规模扩张，而是做精做细，朝着世界上最优秀的单店来做，从环境、商品、管理到人员的精神面貌、专业能力，就像商业的卢浮宫一样。但是现在我们的商品规划、品类还需要提升，将来把商品做成世界商品博览园，我们要做的不是在中国领先，而是在世界上是最好的。把我们的理念和文化都在商品上体现出来，让我们的爱去推动商业的发展，为人类生活品质的提升做出贡献。
>
> ——于东来分享

明《新编菜根谭》中说："财不入脏门，福不润浊人。"这句古话的意思是如果家里太脏，财富便不会进门；如果一个人衣着不整、邋里邋遢，福气也不会降临。可见，环境的整洁、衣着的整洁对个人成功的影响有多么巨大。同理，一个企业的成功也与其环境的整洁息息相关。比如整洁卫生的办公环境，让人心情愉快的同时，也能提高员工的工作效率和创造力。相反，如果办公环境混乱不洁，不仅会大大降低团队工作效率，还会使员工的负面情绪增加。所以，小到个人，大到社会，注重整洁所带来的价值是非凡的。

很多光顾过胖东来的人，对这家企业的第一印象不是商品质量优，也不是员工热情亲切，而是那里太干净了。干净到什么程度呢？不管卖场的面积多大，地面从来是纤尘不染，角落、缝隙没有一丝灰尘，就连卫生间、地下车库这些最容易产生卫生死角的地方，也都是洁净明亮。

胖东来商场的环境

《中国人力资源开发》杂志有一篇文章中是这样描写的："胖东来员工在地面保洁方面确实下了很大的功夫，至少有四种办法：一种是开（清扫）车擦地；一种是拿小抹布一点一点地擦；还有一种是拿着小刷子，刷瓷砖之间的缝；最后一种让我吃惊，两位女员工正在做一组配合，一位女员工在前面拿着一把最常见的拖把拖地，后面那位女员工则在地面上撒上适量的锯末子，拿着一把大排面的拖布，把刚刚拖过的地面用锯末子吸干，两个人就这么推着走……"

试想一下，在我们自己的家里，我们也很难做到这样打扫卫生。那胖东来为什么能做到对环境整洁如此精益求精？

首先，顺应零售业发展潮流，实现从"卖商品"到"卖生活"的转变。在当今社会，消费者走进商超，已经不再仅仅满足于购买产品，他们更希望将"逛商场"当成一种生活休闲娱乐的活动，通过这种活动，来获得物质上的丰富，得到精神上的愉悦。所以，如果商超企业只是把自己当成货物贩卖机，那肯定无法获得顾客的长久支持。那么，要成为顾客愉快心情的创造者，除了有丰富的物品、潮流的娱乐项目外，商超环境的人性化设置也非常重要。所谓的人性化设置，既包括能满足顾客需求的设施，比如休息座椅、婴儿推车等，还包括干净整洁的环境。所以，胖东来对环境卫生的高标准要求，是在顺应时代发展的潮流，同时，他们比同行业高得多的卫生标准，也是在引领行业向更好的方向前进。

其次，践行企业文化理念，让顾客产生"在家里"的幸福感。在于东来的微博中，有这样一条内容："我想让我们的商场永远干净、整洁、安全、温馨。我们的员工健康、快乐、安

胖东来，你学不来

胖东来商超里面的书店

胖东来商超里面的手机店

胖东来商超里面的珠宝店

胖东来商超里的影城

胖东来提供购物车消毒湿巾

逸、幸福。我们的商品丰富，品质好，时尚，有品位。我们的顾客在商场跟在自己家里一样幸福。"这段话实际上是对企业文化理念的分解说明，因为在胖东来的《企业文化手册》中，经营目标中清晰地写着："引领并带动团队、服务、卖场环境等其他方面，通过优秀的细节管理，保证企业健康运营，往品质与幸福的商业模式上发展，成就企业价值、社会价值、生命价值。"可见，保障卖场的整洁卫生不仅仅是一个基本行为，一个规章制度，更被融入了企业文化中，作为一种理念被践行。

除此之外，胖东来一直在强调专业能力，各个部门的员工都应该具备专业能力，当然保洁部门也不例外，这就是为什么胖东来的保洁员能够"发明"出四种擦地方法的原因。因为在他们保洁员的认识中，要把地面擦净或要把马桶刷净是需要专业的，是要有匠人精神的，所以才能出现"先拖洗一遍，再用锯末吸水，再擦干净"的拖地方法。如果只为了赚钱，员工顶多能把工作做完，可为了实现专业上的提升，员工才能把工作做好。

最后，从上至下，干净整洁是胖东来的行为习惯。胖东来的《管理层行为考核标准》中明文要求："居家环境基本干净整洁、温馨舒适。"怎么去做也给了明确标准："日常维护好家庭卫生环境，做好整理、清洁、消毒。"当然，不仅是对管理层，胖东来对其他员工的居家卫生也有要求。而且如果卫生条件不达标，还会受到惩罚。胖东来为什么要大费周章地对每一位员工的居家环境进行要求呢？因为**一个人只有将某种需求内化为习惯，才能长久地执行下去。**当我们只有待在干净整洁的环境中才舒服时，那就会不由自主地产生打扫的欲望和动力。可见，胖东来想给顾客和员工的可不仅是一个干净整洁的购物环境或工作环境，而是一种更高层面的自我提升和生活享受。**通过创造这样的环境和氛围，胖东来希望影响顾客和员工的生活态度和行为习惯，从而为社会传递更积极的生活理念。**

经营之道

- 一个干净整洁的工作环境对企业来说至关重要，不仅可以提升员工的工作效率和创造力，而且对于提升企业的对外形象也有颇多益处。
- 不论是工作中还是生活中，只有将某种需求内化为习惯，才能更长久地执行下去。

商超企业也要有自有品牌

> 减少环节,高品低价。就像COSTCO一样,我们是大单品量大,但是毛利低。我们去跟其他的企业合作大单品的时候,就像前年的宝丰㵲酒,当时我们一天10000多件,一年就将近400万件,就是8个亿的销售。我去给他们企业的团队做分享,对他们说做一个单品,就要做好,要做河南最好的、最有思想的酒企,也希望成就他们的团队,也能成就胖东来在这个分类当中的缺失,把酒类给做好。
>
> ——于东来分享

所谓自有品牌,即由企业自主开发,并自主拥有知识产权的品牌。通俗点说,就是从产品研发、原材料、制作生产到推广销售都是由企业自主完成的,当然,这个产品或服务通常也由企业的品牌名称命名。比如海尔、小米、华为，这些都是由企业自主研发、生产、销售的知名品牌。企业为什么要拥有自有品牌呢？

首先，**品牌是一项非常重要的无形资产，它对产品所产生的附加值是无可估量的。**就像如果想买冰箱，我们会不由自主地想到海尔。因为在消费者的心目中，即便产品的质量、价格等相差无几，但品牌与非品牌之间还是存在着巨大的差异，这种差异来源于很多方面，但从消费者角度看，**拥有知名品牌的企业往往享有更高的信誉度和美誉度，这是赢得消费者的重要原因之一。**所以在商业领域流传着一句话：一流的企业卖品牌，二流的企业卖技术，三流的企业卖产品。可见，如果企业想获得长久发展的机会，创建自有品牌是必由之路。

其次，**通过自有品牌，企业能在设计风格、产品质量及定价等方面掌握主动权。**胖东来虽然是一家零售企业，本身是由多个制造商品牌聚集而成的企业，但随

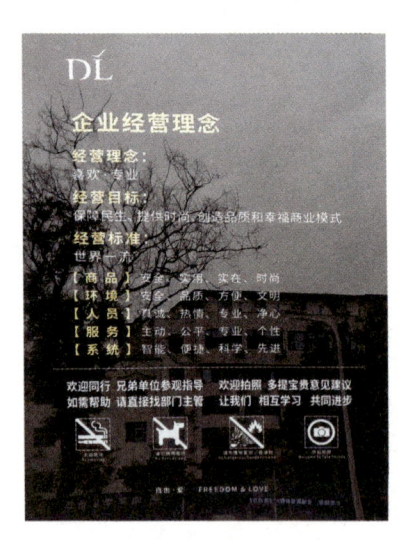

胖东来的企业文化理念

着现代商业的发展,传统的零售模式面临着巨大挑战,比如电商、产地直销等方式的兴起,给传统零售业带来了极大冲击。要想解决这些难题,自有品牌的建设是一条重要出路。因为自产自销的商品,能为企业节省很多中间环节的费用,省下的这些费用直接惠及的就是消费者。

王慧中老师在《胖东来,你要怎么学?》一书中谈到一个案例,她在采访胖东来时,大众服饰部的员工告诉她:"同品类、同档次的T恤进价是139元/件,售价是349元/件,而我们的自主品牌莎珂琪,成本价是35元/件,售价是79元/件,同样品质的商品,顾客得到多大的实惠呀!"这个案例所谈到的就是自有品牌的特点之一:自主定价。我们不禁要想,制造商品牌的服装和自有品牌的服装为什么差价如此之大呢?除去设计师知名度和品牌知名度外,成本差价是一个非常重要的因素,比如原材料成本、生产制造成本、物流成本等。制造商必须要把所有成本算进去后,才能给出出货价,而且还要保证自己有利可图,这就导致零售企业从制造商那里拿货的进价就很高。但自有品牌商品就不同了,没有中间商,可以以更低的价格让利于消费者,这才是真真正正为顾客着想。在拥有价格优势的同时,企业更容易对自有品牌商品的质量进行把控,质量优良加上价格适中,这两点就可以给企业在市场竞争中带来更大优势。

> **胖东来自有品牌开发理念**
> DEVELOPMENT PHILOSOPHY OF DL LABELED PRODUCTS
>
> 开发理念：喜欢、专业、推动社会进步、创造美好价值
> 开发目标：保障民生、提供时尚、创造品质和幸福商业模式
> 开发标准：对标世界一流标准、自主、创新、品质可追溯、环保可持续

胖东来自我品牌开发理念

在胖东来，自有品牌商品很多，如红丝绒蛋糕、大月饼、精酿啤酒、怼酒、雪顶飘香茉莉花茶等，都是质量优良、价格适中的优质产品。胖东来开发自有品牌商品的初心是："保障民生，为顾客提供安全、实用、实在、时尚的商品。"相信在此目的的推动下，未来还会有更多自有品牌商品出现在胖东来超市中，惠及更多消费者。

现在，我们已经了解了创建自有品牌的重要性。那么，在创建过程中，有哪些因素是需要企业重点考虑的呢？

第一，**让自己的产品具有"个性"。所谓的个性就是在同质化的产品中突出自己产品的异质性。**如何为自有品牌找个性？可以考虑多方面，比如你所面对的客户群体是什么，你的产品特点是什么，等等。当然，并不是产品的所有特点都能成为自有品牌的异质性，它一定是健康的、可行的、能获得绝大

多数消费者认同的。比如，一个生产蜂蜜的企业，在同行中如何占据一席之地呢？除了常见的在定价、品种等方面找异质性外，还可以在出产地、蜜源、制作工艺以及灌装形式等方面做文章，让自己的产品独具特色。

有一个品牌的蜂蜜，它是最早使用袋装的，每条十几克，正好够冲泡一杯。如果正好出差，那种大瓶子的蜂蜜不好携带，那么随身带几条这种蜂蜜就很方便。所以，它出现在市面上后，立即引起了很大关注。这就是在灌装形式上面做出了创新，为自己的产品找到了异质性。

第二，**让自己的产品与形象或故事连接**。人们的共同特点之一便是喜欢听故事和看有特点的图像、画面、颜色等。所以，在创建自有品牌时，为了能让消费者记住，可以从这些方面去做些努力。比如，一提到快餐品牌肯德基，立即浮现在我们眼前的不是汉堡、薯条和炸鸡，而是那个非常慈祥的老爷爷的形象。之所以能产生这样的效果，就是品牌形象设计的功

胖东来自有品牌——东来茶庄

劳。除了形象之外，还可以让自有品牌与故事相连接。比如某饮用水品牌，就以一个缠绵悱恻的爱情故事作为背景来宣传，每次拿起这瓶饮用水，浮现在脑海中的都是那个流浪汉与公主的故事，这就是品牌与故事紧密连接的具体表现。

总之，企业创建自有品牌很重要，它是核心竞争力的关键所在。但创建自有品牌并没有那么容易，它是一个复杂而巨大的工程，需要考虑的因素很多。既要分析受众，还要连接企业文化；既要找出产品的异质性，还要用准表达方式。自有品牌产生的价值很可观，但同时需要企业承担的责任和风险一样巨大，企业在建设自有品牌的过程中需要审慎考虑，做出扎实的产品或服务。

经营之道

- 对于一个企业而言，品牌是一项非常重要的无形资产，它所产生的附加值无可估量。
- 企业有自有品牌，不仅可以在设计风格、产品质量及定价等方面掌握主动权，还可以提升企业形象。

每斤水果百元中的秘密

> 我觉得最好的营销就是真诚。你做生意最起码要让商品的品质和价格是合理的,你卖的是价值而不是低价,你不是为了取悦客户,而是去成就客户的美好。所以说,就选择把品质做好。你该赚取合理的利润,哪怕是把利润公开都行。我们不可能去满足所有的客户,我觉得他想买就买,不想买就拉倒。但是你最起码知道品质好,又不坑客户,我觉得就这样真诚地去卖,路也会越走越宽。
>
> ——于东来分享

作为普通消费者,几元、十几元一斤的水果很容易接受,但上百元一斤的水果,听起来就有些心惊胆战。脑海中不禁画出好几个问号,有多好吃呀?什么稀有品种呀?能不能先买一块尝尝？总之一句话，这么贵的水果，谁卖谁砸手里。可事实是，胖东来就卖。

在胖东来超市中，有20%左右的商品属于品质商品，我们前面已经提过了。不论是巧克力饼干，还是进口水果，这些不同品种、不同品牌的高端商品一直在胖东来的货架上占有一席之地。即便是北京、上海、广州等国内一线城市的超市中，也很少能见到比例如此高的高端商品配置。胖东来这样做会不会赔钱呢？这样的商品有消费群体吗？他这么做的目的是什么？带着这三个问题，我们来揭示一下每斤百元的水果背后的秘密。

第一个问题，胖东来卖高端商品会不会赔钱？

可能赔钱，也可能不赔。为什么这样说呢？如果商品打折后仍旧卖不出去，那肯定就是要赔钱的。如果打折时能卖出去，至少能收回进价，但综合考虑时间、物流、人工等成本后，可能还是赔钱的。但某种商品赔钱后，采购部门可能下次就不进它了，换成其他高端商品。如果赶上这种商品适销对路，那么就能赚到钱，进而弥补前面商品的亏损。

此外，一包4元的方便面毛利可能是1元钱，但一块售价180元的高档巧克力毛利可能就有50元。这样看来，高档商品的售价虽高，但利润空间也大。卖出一块高档巧克力的利润就相当于卖50包方便面赚到的钱。另外，就算每位顾客买5

包方便面，你得接待10位顾客，要打包10次商品，增加了人工成本和包装成本，这样一来，卖50包方便面的净利就可能比卖一块高档巧克力产生的净利更低了。所以，到底赔不赔钱呢，只有胖东来知道。当然，**胖东来之所以引入20%左右的高端商品，并不是为了赚更多钱，主要是想让消费者及员工享受到高品质的商品，进而对美好生活充满向往。**

第二个问题，高端商品有没有消费群体？

肯定有消费群体，这是毋庸置疑的。比如高收入人群、奢侈品爱好者，或者是对某些产品有特殊需求的群体等，他们都是高端商品的消费者。比如越来越多的人认为，花十几万或几十万买一块手表既是品位的象征，同时还能保值。而对于比普通果蔬高几倍价格的有机果蔬，由于品质高，有能力的消费者是很乐意接受的，毕竟拥有健康的身体比其他都重要。由此可见，**随着社会收入的提升和大众观念的转变，高品质的商品会越来越有市场。**

第三个问题，胖东来这么做的目的是什么？

就像于东来在某次对外讲话中说的一样："心里边要想，做世界上最美好的，你一定能做到世界上最美好的。就像胖东来一样，做超市，我要做世界上最美好的，那我们奔着这个目标去做，我们的卖场、商品、硬件、员工状态、团队、管理状态、生活状态等，然后围绕着这几个元素去展开。"从这段话中可以看出，胖东来想要提高品质的可不只是商品，还有卖场环境、员工状态等。在未来，胖东来希望自己能够成为世界上最好的超市，高端商品只是其中一部分。

在很多次对外讲话中，于东来都在强调，胖东来是一所学校，他希望大家都来学习。因为只有所有企业都进步了，商业环境才能变好，商业环境变好了，社会才能更进步。就像他自己所说的："我们的目的不是企业做多大，而是希望我们有更多的员工懂得好的理念，有健全的人格，懂得让自己的生活过得更加健康、更加轻松、更加美好，往这个方向走，我们就能活出更美好的状态。"可见，**胖东来提供高品质商品的背后，是希望大众能够对品质商品、优质生活有更多的认知和感受，进而激发大众释放出更多积极的、正向的能量，从而引领社会向着更美好的方向发展。**

经营之道

- 随着大众收入的提升和观念的改变,价格可能会在消费者心中渐渐淡化,取而代之的是追求商品的品质和品位,这是消费趋势,也是社会进步的需要。
- 当大众对高品质商品和优质生活有了认知和感受后,他们可能会在生活习惯、消费方式等诸多方面产生很多积极的变化,这样能促使整个社会向着更健康更美好的方向发展。

5

没有服务，你拿什么竞争

我们正处在一个产能过剩的时代，几乎每一个行业都不缺产品。想在有形产品上寻找突破口、形成竞争力，就如同千军万马过独木桥一样难。不靠有形的实物产品，靠什么使企业立足与发展呢？

——靠无形的精神产品，如陪伴、安慰、帮助、引领等能够让人们获得情绪价值的服务。也就是说，当今社会是一个服务竞争的时代，谁拥有更好的服务，谁就拥有客户，同时更具竞争力。

服务就是竞争力

> 我开一家店，就是要服务这个区域的人民，我要做的，就是怎样让这一方老百姓的生活更方便，怎样让这个城市更加美好。胖东来的东西写在墙上的，都是心里的所思所想，都是能够做到的，不是说说而已，只要写在墙上面就要做到，如果做不到，直接拉下来。
>
> ——于东来分享

虽然被马云评价为"中国企业一面镜子"的胖东来只开在河南一省，可名声早已远播中华大地。是胖东来的产品特别优质吗？还是它的价格超级低廉？对于一般消费者而言，质优价廉的产品就是好商品。但就这两点还不足以简单诠释胖东来火遍全国的现象。如果非要找原因，它独一无二的企业服务可以算作一个。毕竟"超市界的海底捞""中国最美超市"这些名

胖东来，你学不来

头，可不是空穴来风，这是千万消费者用亲身经历帮胖东来铸就的。

河南《许昌日报》的一位记者，曾经讲过一件他亲身经历的事情。某次冬天下大雪的时候，他去胖东来购物，就在进门时，胖东来的员工用鸡毛掸子帮他掸掉了身上的雪花。这一举动让他感觉就像回到村里串亲戚，进门时，亲戚帮你掀门帘，帮你拍落身上的雪那样温暖与贴心。后来他再到其他城市，哪怕是国内的一线大城市，如果在消费过程中遇到产品不好或服务不如意的情况，都忍不住会想：这还不如我们家门口的胖东来呢！有时候，服务并不是服务员齐刷刷地站在商超门口迎宾，也不是服务员如影随形般的详细介绍，服务仅是在你最不经意间的一个走心的举动。

海尔集团创始人张瑞敏曾经说过："没有十全十美的产品，但有百分百的服务。"任何一个产品，哪怕再精挑细选，即使经过精心设计和研发制造，它都无法做到完美无缺，而且，每一个人的品位、爱好、要求是不同的，对同样的产品也会有不同的判断，这就是所谓的众口难调。所以，要想在产品上下功夫，使其达到百分百的优秀口碑，几乎是无法实现的。但是企业可以通过提供卓越的服务来弥补这些缺陷，百分之百的服务

没有服务，你拿什么竞争

不仅能够弥补产品的不足，还能增加产品的附加值，提高企业的品牌形象，进而形成企业的核心竞争力。

有一位网友出差去许昌，正好住在胖东来对面的酒店，因时间紧张来不及吃饭，便打算到胖东来选一款自热米饭，结果看到货架上摆满了各种各样的自热产品。正当他挑选时，一位服务员走过来，询问他需不需要帮助，还告诉他，如果店里没有自己喜欢的口味，可以在便条纸上留言，他们买好后会第一时间送货上门。原来服务员看他在自热产品货架前徘徊良久，以为他没找到喜欢的口味，便过来主动提供帮助。就这样，他花了十几块钱买了一盒自热米饭，不仅在超市里找到了一个舒适的座位吃完，而且服务员还给他倒了一杯热水、拿了纸巾。用这位网友的话说：就像回家后，我妈给我准备早餐那样温馨和自然。

一家超市不可能囊括所有品牌或所有口味的商品，但在胖东来，超市里没有不代表你买不到，只要消费者有要求，营业员就可以帮你出去买，还给你送到家里，这种贴心的服务不仅弥补了产品空缺带来的不足，甚至还在消费者心中树立起一个形象：只要是生活所需，胖东来都能做到。然而在实际生活中，会有几个人非要吃某种口味的食物，非要营业员去别家买呢？恐怕少之又少。但通过这一举动，胖东来在消费者心中树立起的高大形象，却是有钱难买的无价之宝。人人都将知道，胖东来不仅仅是一个普通的零售商，它更是一个能为消费者提供便利服务和满足的地方。也就是说，**服务一跃而起，成为与产品并驾齐驱或者凌驾于产品之上的核心竞争力。优质服务之所以如此重要，是因为它能带来意想不到的超额回报，这就像"春种一粒粟，秋收万颗子"。在消费者心中种下一粒优质服务的种子，就会收获一群忠诚于企业的顾客。**

张瑞敏说过这样一段话："一个世界级的品牌，体现的并不是外在表现出来的产品做得怎么样，质量怎么样，本质是用户的认同。在服务上，最能体现这一点。"任何一家企业，要想获得生长的空间和发展的动力，产地、产品、资金等这些硬实力已经不能起到决定性作用了，只有拥有更多顾客的忠诚度才能拥有明天。靠什么来获得顾客的忠诚度呢？唯有高品质的服务！也就是说，高品质的服务会增加客户黏性，客户黏性的增加意味着企业有了回头客，在大批客源的支持下，企业的竞争力才逐步形成。华为如是，海底捞如是，胖东来亦如是。

经营之道

- 好的服务一定不是刻板的、一成不变的,而是在不经意间,所做出的一个走心举动,或是说出的一句温暖的话。
- 优质服务所带来的额外回报无法计算,因为口碑效应、客户忠诚度等不能用经济价值来衡量。

服务和产品一样重要

> 很多人都觉得生意越来越不好做,其实只要用心,把利益看淡,把顾客照顾好,勤奋地工作,提升专业能力,生意一定会越来越好。随着顾客的满意和赞美,你的品质和思想及整体素养都会不断提升,你就会感觉自己更有价值,更幸福,更成熟,更自由……你的品牌就越有影响力,对社会自然是很大的贡献。
>
> ——于东来分享

在过去,服务更像是产品的"替补",一旦产品出现这样那样的问题了,立即跟进服务,去帮客户解决产品出现的问题。举个例子,多年前,我们家里买一台冰箱,购买中似乎体验不到什么服务,销售员做得最多的就是开票收钱。什么时候服务会出现呢?就是冰箱突然坏了,要么不制冷了,要么断电了。厂家的售后人员开始联系你，安排维修、询问上门情况，等等。总之，只有在产品的售后过程中，才能体会到服务的价值。

但现在不同了，随着各个行业的产品供大于求，消费者越来越注重购买体验。服务不只在售后阶段，售前、售中都要提供优质的服务，消费者才会买账。**在新的商业环境下，服务已经不是"替补"，而变成跟产品一样重要的角色，它是消费中至关重要的一个环节。**在前面我们讲过的胖东来员工帮顾客掸掉身上的雪花，就是优质的服务。享受了掸雪服务的顾客心头一暖，原本他可能只想买一包烟，但一看服务员这么贴心，店里这么温暖，便想多逛一逛，于是顺手又多买了好几件物品。

可见，以客户为中心，并不仅仅是给客户提供质量优良的产品，还要给他们提供温暖人心的服务。就像华为掌门人任正非在一次活动中所讲："商业活动的基本规律是等价交换。如果我们能够为客户提供及时、准确、优质、低成本的服务，我们也必然获取合理的回报，这些回报有些表现为当期商业利益，有些表现为中长期的商业利益，但最终都体现在公司的收入、利润、现金流等管理结果上，那些持续亏损的商业活动，都是偏离了以客户为中心的。"

客户会因为产品及服务给企业或短期或长期的支持，但到底是因为产品还是服务而留住的客户，却很难分清。所以，在当今的商业环境中，服务和产品一样重要，它们两个之间不是互补的，不是相互提升的，而是平行发展的。一个企业要想健康地长久地发展下去，产品和服务必须两手抓、两手都要硬。

首先，企业要具备优质的产品。一说到优质的产品，很多人会想到瑞士手表，因为从设计到制造，生产瑞士手表的每一个环节，都是经过严格的质量控制，经过精雕细琢的。瑞士钟表公司的广告语是"本公司在世界各地的维修人员正闲得无聊"。这可不是说人家的维修人员不作为，而是人家的手表质优到什么程度呢？根本用不着修理。这个广告语够霸气，够"凡尔赛"吧！但瑞士手表就是这么有底气。所以你看，产品的质量永远是企业的底气。

这也就是为什么于东来在每一次对外讲话中，都在反反复复说：提高商品质量。甚至在最近一次联商总裁班的宣讲中，他说："胖东来的产品除了一线的品牌，其他基本都不用，甚至有的一线品牌该停的也要停，只要质量出现一点问题，我们就把它停掉，坚定地让企业的品质往更好的方向去发展。"因为在商场摸爬滚打多年的于东来深知，商品的质量直接关系到企业的声誉、客户的忠诚度以及企业的市场竞争力。没有优质产品，就会失去竞争筹码。

其次，企业要提供优质的服务。自从海底捞横空出世后，

没有服务，你拿什么竞争

优质的服务就被称为"地球人拒绝不了的服务"。胖东来，也靠极致服务出名。胖东来的服务有多好，随便打开一个关于胖东来的新闻网页，就能看到极致服务的案例。下面这个故事是顾客亲写的，本来是遇到了一件糟心事，可到最后却成了顾客难忘的经历。

某个寒冬的傍晚，一位顾客从胖东来买了一份排骨和一些菜，打算回家做晚饭。可当他回家打开装排骨的袋子后，却闻到一股浓浓的腥味。他心里很不舒服，于是就找到胖东来的投诉电话打了过去，电话那边一直道歉，并告诉他很快帮他解决这件事。果然才过没几分钟，就有工作人员打电话来了，询问了家庭住址后，告诉他很快上门送新的排骨来。

半小时后，他再次接到胖东来员工的电话，说已经到小区门口了。他下楼后看到一位工作人员站在风雪里，旁边的车还亮着大灯。工作人员一直道歉说给他添麻烦了，回去后要开会通报，避免这样的事以后再发生。其实这个时候，他一点都不生气了。他把自己买到的排骨拿给工作人员看，不知道是不是袋子打开久了，味道散了，排骨的腥味没那么重了。他觉得不好意思，就解释说自己打开袋子后，确实闻到了不好的味道。工作人员接过他手中的排骨，认真地跟他讲：辨别肉质新不新鲜，不能光靠闻，您还得看和摸。说完便从袋子里拿出一块排骨，用手指按下去，对他说：像这块，肉质回弹得慢，确实不够新鲜了，是我们的工作有问题。

他听完都惊呆了，因为这么维护顾客的工作人员他是头一回遇到。他想着把排骨换过来就可以了，谁知道工作人员还把钱退了，说是给他的补偿。此时，除了满满的感动，他心中的那些不满早就烟消云散了。

像这样的服务事例，在胖东来还有很多，不仅是在售后，在售前、售中也随处可见。而且，他们的服务并不会让人感觉到突兀和故意，反而更多给人的是种平淡细腻的感觉，就比如你买了一个菠萝，工作人员在给你削皮的过程中，可能会随口说一句：菠萝做咕咾肉也很好吃的。你一听也正好感兴趣，就问咕咾肉怎么做呀，于是对方就会给你讲，有不明白的地方你再问。这样一来一往，你不仅会觉得等待的时间都快了，而且还新学会了一道菜。这样的服务很走心，不显山不露水，于生活的无意间就深化了与顾客之间的互动，赢得了顾客的心。

所以说，**真正极致的服务一定不是那种浮于表面的颔首鞠躬，而是能够像春风化雨一样，细致入微地滋润每一位顾客的心灵，带给顾客真正的温暖和关怀。** 就像告诉顾客怎么用菠萝做咕咾肉，就像亲自示范怎样通过手指按压辨别肉质新鲜不新鲜。这样融入细节的极致服务，恐怕只有胖东来做得到。

经营之道

- 在当今的商业环境中,服务和产品同等重要。一个企业要想健康持续地发展,必须两手抓、两手都要硬。
- 真正极致的服务不是浮于表面的行为,而是用细致入微的生活小细节,能够滋润每一位顾客的心灵,带给对方温暖和感动。

从"要我服务"到"我要服务"的转变

> 我多希望更多的人少走弯路,希望我们所传播的这种文化,所学习的这种文化,让更多的人明白,但是我们现实满脑子想的都是钱。卖个东西,想我今天卖了多少钱,挣了多少钱,从来不想我为顾客带来了什么。好,我今天又创造了一份快乐,我让商品去找到爱它的人,找到能够驾驭它的人。你看到商品,你都感觉是那样的爱它,你不再把它当成一个满足自己私欲、私利的工具,而将它当成一个被尊重的朋友。发现它身上的美,让它的美去造福更多的人,去装扮更多的人,去服务更多的人。
>
> ——于东来分享

态度是个奇妙的东西,它会产生神奇的力量。当积极的因素占上风时,人们就充满了进取乐观的力量,而当消极的因素占上风时，人们就会变得无奈且缺乏动力。而态度在服务当中，也是如此。当一个人是由于被命令，或被迫完成工作而产生"要我服务"的行为时，他多半是漫不经心的，缺乏热情和耐心的。但当一个人是因为自己喜欢，而主动产生"我要服务"的行为时，他肯定是充满了自信和热情的，在这种积极态度的影响下，他所提供的服务多半会超出客户的期待。

也正是因此，于东来经常对员工说：你得喜欢自己的工作。"无论做什么，选择什么，首先看自己喜欢不喜欢，如果自己不喜欢，那么还非得要选择，那你就培养自己喜欢，就像谈恋爱一样。"尤其是在要与人打交道的服务行业，**要发自内心地喜欢，从而产生出"我要服务"的状态，才能真正赢得客户的心，从而实现服务的价值。**

那么，从"要我服务"到"我要服务"需要在哪些方面做出改变呢？

首先，企业要给予员工关怀与爱。**只有企业先对员工好，员工才能对顾客好。**也就是说，如果企业想让自己的员工为顾客提供极致服务，那么企业先要让员工感受到什么是极致服务。当企业把员工当成家里人，给予足够的关怀和爱后，才能激发出员工工作的热情，进而把这种从企业身上获得的关怀与爱投入到顾客身上。所以，当我们看到胖东来员工总是对顾客笑意盈盈，总是能服务到顾客心坎上时，我们还要看到这种主动服务的意愿背后，其实是企业默默给予了员工莫大的关怀和支持。

其次，员工得不断学习，让自己更专业。员工通过不断地学习，不仅可以提升职业素养，而且对业务的熟悉程度也会越来越高。就好比我们前面讲到的那个帮顾客进行退换排骨服务的胖东来工作人员，当顾客说到只靠闻来判断肉质是否新鲜时，他立即能靠专业的知识告诉顾客，还可以通过看和摸来判断肉质新鲜程度。这样一来，不仅维护了顾客的颜面，还利用专业知识提升了胖东来员工在顾客心中的形象。所以，**员工通过持续不断地学习，让顾客为员工的专业能力所折服，当员工从顾客那里获得越来越多称赞或羡慕时，员工会更有自信心，并更愿意主动为顾客提供服务**。这是一个正向循环的过程，即员工的专业能力越高，受到的称赞越多，进而主动服务的意愿越高。

最后，员工手里要有权力。换句话说，企业要给服务人员授权。有了权力，服务人员才能不怕犯错、不怕越权，无论何时何地都首先站在顾客的角度去为对方提供最需要的服务。否则，即便员工拥有主动服务的意愿，但无权这么做，仍然实现不了服务的价值。

在某个寒冬的凌晨4点，一位在某酒店下榻的客人要送他的朋友去机场。可寒冬的早上三四点，正是温度最低的时候，这位客人的车子怎么也启动不了。正当他一筹莫展时,酒店的保安说,我们酒店的车队长最擅长处理这种情况,要不把他叫来吧。这位客人听后,当然觉得很好,可还是充满了怀疑,心想一个保安,凭什么能在深夜时分叫来车队长。

但事实是,保安打完电话后不久,车队长就出现了,并第一时间帮忙处理了车子问题。感动之余,这位客人好奇地问车队长,酒店里任何一个工作人员的电话你都会接吗?车队长十分肯定地说:"对,因为我们酒店规定,谁离顾客最近谁的权力就最大,那天早上保安离顾客最近,所以他打电话我是一定要来的。"

从这个故事中我们可以看出,**要想让员工从被动服务变成主动服务,最重要一点就是得给他们权力。**试想一下,如果没有权力的下放,在层层等级约束的企业内,员工没有更大的自主权,那员工就会只满足于完成自己的工作,事不关己高高挂起。像上面案例中的保安,仅提供安保服务就可以了,至于客户的车子发动不了这些问题,即便他"心有余"但"权力不足",那他也解决不了。所以,权力的下放才是激发员工主动性和创造力的关键,它赋予员工自主决策的权力,让他们能真正从"要我服务"转变到"我要服务"。要知道,在服务过程中灵活、高效地应对顾客需求,才是提升整体的服务质量和顾客满意度的关键,而员工是否能灵活、高效,重要因素之一就是手中是否有权。

经营之道

- 发自内心的喜欢自己的工作是产生出"我要服务"意愿的关键,因为积极的态度是热情和自信的动力源。
- 赋予员工自主决策的权力是产生"我要服务"行动的关键,因为只有手中有权力,员工才能灵活、高效地应对客户需求。

好服务赚的不是钱，是未来

> 要培养员工，让员工明白我们的工作职责：帮助顾客选购到他们需求和满意的商品，自己商场没有，就主动推荐到其他商家，让顾客像家人一样感到幸福。将心比心，带着爱对待顾客，把利益放在次位，工作一定是幸福的，这些要写进工作标准。
>
> ——于东来分享

在传统的营销模式中，买和卖是一种交易，买家付钱，卖家提供商品，当买卖双方各取所需后，交易就完成了。如果买方买到了好的商品，他就开心，但如果买到的商品不好，他就会不开心。可买方的这种开心或不开心完全与卖方无关，因为卖方关心的就是赚取利润。即便有几个买方因商品不好而不再光顾，也没有关系，因为在物品并不丰富的时代，不发愁商品卖不出去。

但随着社会的进步和商业的发展，经济形态已经从农业经济、工业经济及服务经济转变为现在的体验式经济。所谓体验式经济就是让客户在亲身体验中，逐步了解商品，逐步与企业建立信任，进而产生消费行为的经济模式。**体验式经济强调的是顾客的感受和体验，这种体验既有对产品的，也有对服务的。不管是通过产品，还是通过服务，只要为顾客创造了开心的、难忘的体验，就能够激发出顾客的购买欲，从而产生消费行为，实现企业的商业目标。**

体验式经济的核心是让顾客参与其中，让顾客从不断的体验中感受到商品的美好或企业的关怀，进而产生情感连接，从而激发出消费欲望。**在体验式经济时代，消费者的开心不开心不仅与企业有关，而且关系还非常密切。**如果顾客体验得开心了，他就掏钱购买。如果体验得不开心，他就拔腿走人。所以，企业要想赚取利润，就得在如何让顾客获得更好的体验上做文章。这种更好的体验可能来自产品，比如产品的外观、产品的质量、产品的特点等；也可能来自服务，包括售前、售中、售后服务，以及各种贴心又品质不俗的免费服务等；还可能来自对企业文化的认同等。总之，企业需要注重顾客体验，通过满足消费者对个性化、情感化体验的需求，来实现企业的可持续发展。

在详细了解了体验式经济后，大家对胖东来所倡导的极致服务就有了更透彻的认识。他们的每一项服务，其目的都是给消费者提供更好的体验。因为好服务赚取的不单纯是利润，还有企业的未来。可以说，在体验经济时代，胖东来可谓是摸准了时代的脉搏。

之所以这样说，是因为于东来的两次对外讲话。

第一次讲话来自大约 10 年前，那时电商发展迅猛，当人们质疑线下商贸会被电商取代时，于东来说："如果电商的确比我们做得更好，能够给顾客带来更多的美好体验和便利服务，胖东来被电商取代也很好啊，市场空间那么大，不做商贸，还有很多事情可以做啊。但是我认为，线下实体店自有它的优势，是电子商务取代不了的。其实，胖东来不惧电商是因为它提供给顾客的是一种体验的艺术，而非简单的商品买卖，这种美好的五星级的顾客体验是电商不能给予顾客的。在许昌，胖东来已经成为大家生活中的第三方场所，人们已经养成了习惯，上班之余，家庭生活以外，就是到胖东来走上一遭，感受亲情式服务，欣赏展览式的商品陈列。那就是购物体验，顾客从购物的过程中所获得的快乐。只要我们用心把顾客体验做好了，实体店是不可能被替代的。"

第二次讲话来自 2024 年 3 月举行的联商东来总裁班第一次会议，谈到胖东来未来的规划时，于东来这样说："今年可能要规划更大的仓储式卖场，包括将来茶叶店也会用 5000 平方米做中国最有特色的茶叶店，或者中国最有特色的珠宝店、中国最有特色的电影院，电影院做好以后开电影发布会的时候也像好莱坞一样，住的、会客的、发布厅全部都有，整个电影院的品质每个厅都是国际一流。包括电玩，像是迪士尼的旋转木马，哪怕 1000 万也要搞过来，做出品质，但（可惜的）是地方只有 190 亩，如果是在市区有 400 亩的地方，就可以做成商业文旅。"

从以上两次讲话内容中，我们可以清晰地看出胖东来的发展思路。从 10 年前，或者更早之前，一看到体验式经济的发展苗头，胖东来就开始注重顾客感受，注重与顾客之间搭建信任的桥梁。而走到今日，胖东来已然成为体验经济时代中，发展得非常好的企业之一。可这还不是他们的终点，他们还有更高的追求，还想要给顾客更好的购物体验。就像于东来在文中提到的，想要把胖东来打造成商业文旅项目，让顾客不仅能在这里购物，更能通过企业所提供的顶级商品和服务，感受到一种独具特色的生活方式。

体验不仅是满足客户需求的一种方式，更是企业所表达出的一种态度，表明企业愿意把自己的真诚呈现给客户。 在体验经济时代，高品质的商品及合理的价格只是基础，还要给客户提供优质的服务，为客户创造出独特的购物体验，才能实现商业的成功。

经营之道

- 在体验式经济时代,企业需要注重的是客户对产品和服务的感受,只有通过这两重感受给客户创造出愉快的、难忘的体验,才能激发出他们的购买欲。
- 产品和价格已经不能完全决定消费者的选择,更重要的是他们对品牌的认同感和忠诚度,这主要来源于企业所提供的更好的服务。

物超所值的免费服务

> 让我们各岗位的人都静下心提升专业能力，提升商品品质和功能，做好星级员工培养，做好每一个服务细节、每一个客诉，为自己和顾客创造更多的快乐，让我们的心灵幸福起来，无论社会环境怎样，我们每一个"胖东来人"都必须坚信靠自己创造美好的生活。坚信懂得爱，创造爱，分享爱，传播爱。
>
> ——于东来分享

在胖东来，所有岗位的服务都是物超所值的，即便是免费服务也一样。就像他们的购物车多达7种，不仅分大小，甚至儿童购物车还分男女。在每个胖东来超市的门口处，都有一盒糖果，那是给低血糖患者临时救急用的。虽说逛超市的时间又不长，发生低血糖的情况微乎其微，但难能可贵的是，胖东来

5
没有服务，你拿什么竞争

愿意在这些免费服务上花心思去认真做。

很多企业认为，能够为客户直接提供服务的，且服务直接产生效益的，才是真正需要用心做好的。至于那些不能直接产生效益，或可有可无的冗余服务，无须被认真对待。可事实上，**免费服务或冗余服务本身都是一种产品附加值，它能够提升客户的购物体验。**

比如，在胖东来的母婴室里，婴儿床、温奶器、消毒柜、洗刷工具等一应俱全，就连婴儿个人用品纸尿裤都能提供。很多妈妈都有过这样的经历，每次带婴幼儿出门，都要在包里装满宝宝必备品，但还是会偶尔忘带某样物品。这时就很不方便，要么需要在外面重新买，要么就早早结束行程。可在胖东来，妈妈们就不必担心，即便你忘记带某样东西，母婴室里差不多都有，而且这些免费产品都是一流品牌，不会让你有安全顾虑。即便没有，只要你开口对服务人员说明情况，他们都会帮忙解决。

当顾客获得了胖东来所提供的既贴心又品质不俗的免费服务后，他们能不随手买点东西吗！顾客在胖东来闲逛的时间越长，里面的餐饮、娱乐项目收益率越高。这些看似不会经常用到的免费服务项目，虽然本身并不能赚钱，但通过给顾客创造良好的体验感，收获了很多老客户，进而带来持续收益。所以，**服务免费只是表象，更深层次展现出来的，是企业商业思路的转换。**具体表现在哪些方面呢？

首先，高品质的免费服务，一样会留住客户。胖东来的免费服务可能很多消费者体验不到，但另外一个以服务著称的企业海底捞，它所提供的免费服务也是令广大消费者津津乐道的。比如，海底捞在等位区提供免费美甲服务，很多享受过这项服务的女性顾客都说："美甲师手艺很棒，一点不比专业美甲店差。"除了美甲外，海底捞还提供免费的手部护理。此外，海底捞等位区的免费小食品质也超好，很多人称赞说："海底捞爆米花的口味和质量远远超过了电影院里价格超高的爆米花。"这些好的免费服务，一方面缓解了顾客等位时的无聊或焦虑的情绪，一方面让顾客感受到了海底捞的用心和关爱，这也是海底捞的顾客那么多，大家仍愿意等位的原因。

当然了，这也同样解释了，跟海底捞服务不分上下的胖东来，总是顾客盈门的奥秘。**服务虽然是免费的，但只要品质高，体验感良好，一样会给顾客带去惊喜和满足，从而留住顾客，使其成为企业的忠实拥趸。**

其次，免费服务背后，实际拥有大商机。在体验经济时代，免费服务遍及各行各业，不仅是餐饮行业的海底捞及零售行业的胖东来，比如在旅游行业，很多酒店通过免费接送机服务、免费早餐服务等吸引顾客，提升顾客体验感。而在互联网行业，免费更是大行其道，很多应用程序或平台甚至就是用免费服务来"赚钱"的。当然，免费服务本身并不能带来收益，但它能够积累用户，就像奇虎360的创始人周鸿祎所说的："QQ通过免费积累了大量的用户，淘宝最早开店也是免费的，而当时的竞争对手eBay开店收费，因此淘宝汇聚了大量卖家，有了卖家也就有了买家，最终击败了eBay。"当那么多商户把店铺开在淘宝上时，谁想让自己的商品展现量多一些，谁想让网店管理更规范便捷一些时，交一些增值服务费或使用几款收费软件那不是理所应当的吗，而收益正是从这些免费服务背后所获得的。通过免费服务吸引用户，再通过差异化的增值服务赚取收益，已经成为很多互联网企业的盈利模式。

就好比作为消费者，当我们线上线下消费都会使用支付宝或微信时，我们享受到了便捷支付服务。当我们把零钱存入支付宝或微信时，我们还从中获得了小额收益。而支付宝和微信，不仅可以从合作商那里收取手续费，而且还能利用千千万万个用户的零钱而在金融领域赚取收益。也就是说，这些企业的免费服务实际上是他们获益的迂回手段。从这个角度看，企业要不要提供高质量的免费服务呢？肯定是要的，**因为越物超所值的免费服务，越能吸引更多用户，形成更强的用户黏性，进而带来更多商业机会和收益。**

所以，基于以上两点，企业不仅要重视免费服务的价值，更要注重免费服务的品质。因为免费服务一方面会增强客户对企业的认可度，另一方面它是企业获利的巧妙途径。

经营之道

- 在体验经济时代，服务免费只是表象，更深层次展现出来的，是企业商业思路的转换。
- 高品质的免费服务一方面可以留住顾客，使其成为企业的忠实粉丝，另一方面，企业也能通过免费服务这一手段，再利用其他增值服务去赚取利润。

服务不能进行流水线式培训

> 一个优秀的服务员,他精通专业,也非常尊重商品的价值,一切为顾客考虑,懂得尊重每一位顾客,无微不至地为顾客着想,让顾客彻底放心、开心、幸福地消费。希望胖东来能培养出这样的榜样。
>
> ——于东来分享

工作中,人们常常会谈什么是有效工作,什么是无效工作。在服务上,也有有效服务和无效服务。**所谓有效服务,就是对客户真正产生价值的、有用的服务。所以,提供有效服务就必须要站在客户的角度,给他提供最适合的、最有针对性的服务。**与之相反的就是无效服务,比如那些好像是经过了流水线处理一样的鞠躬问候。很多人都有过类似的体验,在进入酒店或餐厅时,两旁站立的服务人员先深鞠一躬,然后声音洪亮地齐声喊"欢迎光临",这突如其来的"服务"不仅没有让顾客感受到亲切,有时还会被吓一跳。

所以,**服务虽然很重要,但并不需要整齐划一,不能像经过流水线加工的产品一样没有区别。**要想提供的服务产生价值,就必须让服务人员自己去决定如何服务,因为他们才是真正与每一位客户接触的人,他们更了解客户的需求。当然,这并不是说,企业给予的服务培训就可以免掉了。相反,企业更应该提供一种灵活性和自主性的服务培训,让服务人员在掌握基本技能的同时,也能有自主决策的能力,让服务更好地满足客户的个性化需求。

既然服务不能进行流水线式的培训,要让一线员工自己决定如何服务,那企业要做些什么,给员工提供哪些支持呢?

首先,企业要出台相应的服务标准。所谓标准就是大方向上的指引,哪些是对的,哪些是错的,要规定清楚。虽说让员工自主决定如何进行服务,但还是要有边界的限制,这个限制就需要企业来制定。我们以胖东来为例,它们的每一个岗位都有实操标准,如服饰部有《服饰部服装岗位实操标准》,客服部有《客诉处理标准》等。企业进行服务培训时,培训的就是这些标准化知识。

管理企业或管理部门其实跟管理国家一样,法律制度是国家安全运行的保障,那么,企业制度规范或标准就是企业及部门正常运行的保障。**只有企业出台了详细的服务标准，员工才能在标准内最大限度地发挥自己的才能，更好地服务于客户。**

其次，企业要给予员工足够的自主权。**只有充分信任员工，给予员工充足的自主权，他们才能够在客户提出需求的第一时间做出正确决策。**当员工拥有自主权时，他们能够更灵活地应对各种情况和问题，不再受限于固定的流程和规定，能够根据实际情况做出最适合客户的决策。我们举个简单的例子。

一天中午，某火锅店来了一位面色苍白的顾客，他看上去好像哪里不舒服，坐下后没有拿菜单点餐，而是直接对服务员说，他想要一碗面条。在火锅店里点面条，对于这位服务员来说，还是头一回遇到。可她通过观察顾客的状态，感觉他可能是低血糖犯了。但这个时间已经过了营业时间，店里的几位厨师都下班了。她只是一个服务员，根本不会做面条。就在紧要关头，她突然想起，早上店里刚刚采购了一些汤圆，于是，她赶紧跑到后厨，为这位顾客煮了一碗汤圆。顾客吃完汤圆，脸色也逐渐恢复了红润。

后来，这位服务员才知道，顾客是在附近的大厦里工作，因工作忙没吃午餐，所以低血糖犯了。幸好服务员为他煮了一碗汤圆，否则可能会出大事故。这之后，这位顾客不仅常来光顾，而且还带来了很多同事。

通过这个案例可以看出，如果一线员工没有决策权，那么在类似这样的紧急情况下，他就可能错失服务机会，无法及时有效地解决客户的需求。所以，赋予一线员工适当的自主权和决策权，让他们成为服务的主角，才能为客户提供更好的体验。

最后，企业要及时树立榜样。人们常说榜样的力量是无穷的，在服务工作中，其实最好的培训就是树立榜样。为员工树立起一个优秀的榜样，让员工对照着榜样的所言所行去发现自身的问题，要比仅按照标准来规范服务言行更加有效。比如通过树立榜样，员工可以学习到优秀的服务技巧、沟通方式和解决问题的方法等，这使更多员工取得进步的同时，还成全了整个团队，甚至会对某个行业起到巨大的推动作用。就好像多年前，北京王府井百货里的张秉贵师傅，他不仅练就了"一把抓""一口清"等服务绝活，还对顾客像火一般温暖，从业三十余年，从没跟顾客红过脸、吵过嘴，而通过对他的优秀服务事迹的宣传，全国上下曾掀起了一波学习张秉贵服务艺术的热潮。

其实，这就是榜样的力量。通过树立优秀的榜样，员工可以获得更直观、更具体的学习和启发，从而在实践中不断提升自己的服务水平和专业素养。与传统的培训方式相比，树立榜样更能够激励员工自发地去学习、改进，实现个人能力的成长和团队专业素养的提升。

总之，真正好的服务肯定不是刻板的、固定的，因为企业所面对的客户都独具特点，所以要想让服务入心，就必须具备灵活性和个性化的特点。对此，企业除了给予一线员工自主权外，还要制定出切实可行的服务标准，用以给个性化的服务提供基础行为标准。当然，也要注重在服务人员中提拔优秀人员，树立榜样，只有多措并举，才可以建立起一个服务优秀、员工积极、客户满意的良好服务体系，进而在市场竞争中占据优势。

经营之道

- 客户需要的是个性化的、有针对性的服务，而不是像经过流水线加工一样的固化式的服务，固化式服务不仅是无效的，还会引起客户反感。
- 只有企业出台了详细的服务标准，员工才能在标准内最大限度地发挥自己的才能，更好地服务于客户。

服务成就品牌

> 五年、十年后,胖东来品牌将从一个有思想、幸福的品牌发展到体现公平、乐观、博爱、快乐、创造力的平台,将是一个快乐和爱的乐园,人们能理解自信的真正含义和感受。明事理,活自己,心灵高贵,思想自由,活在当下,将是生活的主流。倡导、践行先进文化信仰是我的热爱。
>
> ——于东来分享

一说到品牌,我们的头脑中会跳出很多名词,海尔、华为、小米、娃哈哈……每一个品牌背后,除了物化出一款或多款产品外,再有就是留给客户的特别记忆。比如提起海尔,人们就会想到当时那个年代,它所提供的优质售后服务;而提到华为,人们就会想起它在芯片大战中的果敢与坚决,勇敢担起了国之重器的使命,等等。这些品牌不仅仅是产品的代名词,更是一种情感的象征,这种与顾客之间搭建起的情感关系,有些是因为服务,有些是因为思想共鸣,但它们都有一个共同特点,那就是先赢得了顾客的支持,进而赢得市场。可见,**要想塑造出成功的市场品牌,抓住客户的心才是关键。而如何抓住客户的心,提供给他们高品质的产品和服务才是关键,尤其是后者。**

通过服务而成就品牌的例子数不胜数,比如餐饮业的海底捞,还有零售业的胖东来。它们之所以广为人知,就是因为它们在服务方面有着独特的经营理念和卓越的实践表现。胖东来的服务深入到每一个环节,从产品陈列、环境设计、个性化的服务到贴心的顾客关怀,为的就是给顾客带来一种愉悦、舒适的购物体验,进而形成独特的品牌价值。

在胖东来官网上,有一个名为《新员工文化培训——关于工作》的文件,里面讲了很多新员工的小故事。其中一个故事

特色产品的陈列

的主人公是在胖东来面包房工作的刘颜臻,她自述道:"我不忙的时候,会把方包的包装袋上面那一排褶皱,仔仔细细地伸展好,而不是被随意上货的状态……"胖东来员工服务的对象已经超出了工作标准,而是自发地想让产品呈现得更好。而这种看似是为产品提供的细致服务,又何尝不是为了给顾客提供更极致的体验呢。如果一个企业的服务已经达到如此细致入微的程度,那么成为优秀的品牌只是早晚的事情。

企业要想通过服务来成就品牌,需要在哪些方面做出努力呢?

首先,要拥有不断学习的能力。我们一直在说给客户提供高品质的服务,那什么才算是高品质呢?其实所谓的高品质就是能够满足客户心理预期的服务。就像我们前面讲过的一个案例,一位在医院工作的顾客去胖东来买鱼,她对于把鱼摔到地上这种做法感到不能接受,于是就要求换鱼。这位顾客对于卫生有着较高的需求,那么满足了她的心理需求就相当于提供了高品质的服务。可对于其他顾客来说,可能把鱼摔到地上并不算什么,相反,他们只想从服务员那里得知怎么做鱼才不腥的妙招。可见,高品质服务所涉及的范围很广,需要工作人员掌握很多知识。只有不断学习,才能创造更高品质的服务。

其次,通过统一标准来规范服务,从而成就品牌。就像于东来自己所说:"我们每开出一个店都是高品质的,我们的精神面貌、专业能力、商品结构、服务、环境等,各个方面都有一个标准。我们在努力用心做行业的标准,有了统一的标准那才叫品牌,才能走得更持久和更健康。"胖东来的服务之所以能区别于其他商家的服务,根源就在于统一标准。因为统一标准可以确保企业的服务人员在服务过程中保持一致性和高水准,从而提升企业的整体品牌形象和服务质量。

最后,在不断变化中求发展。品牌的树立不是一朝一夕之事,要想持续地获得客户认可和市场竞争力,就必须通过变化来适应市场需求。

王老吉是一款凉茶饮料品牌,它的广告语是"怕上火喝王老吉",这句广告词深入人心,每当人们吃火锅,逢年过节吃大鱼大肉时,都会人手一罐王老吉。

在2022年的高考季,全国上下都被"高考"二字牵动着心弦。王老吉为了适应市场需求,特意为高考学子提供了定制服务。怎么定制呢?主要有两种方式,一是班级定制,二是学科定制。比如某个学校的高三二班可以定制"高三二班吉",还可以根据学科定制"语文吉""数学吉""历史吉"等。定制服务一推出,立即取得了轰动效果。一方面高考正值炎夏,草本配方的王老吉主张"不上火",这非常能满足高考学子稳定心神的健康需求。另一方面,"班级吉"和"学科吉"的服务又特别能满足大众为高考送祝福的心理需求。所以，王老吉不仅借势高考推出创新服务巩固了企业的品牌，还为品牌持续发展提供了一条新路。因为高考后，王老吉又接二连三推出了中考定制和其他考试的"万试大吉"款。所以你看，适应市场需求，不断进行服务创新，既能使品牌的生命力更长久，还能为企业开辟出营销新思路。

总之，在现代社会，说服务能成就品牌一点不为过。因为服务早已是品牌实力和竞争力的关键体现。只有通过不断优化和提升服务体验，品牌才可以在激烈的市场竞争中脱颖而出，赢得消费者的认可，从而实现品牌的长期发展和成功。

经营之道

- 统一标准可以确保企业的服务人员在服务过程中保持一致性和高水准，从而提升企业的整体品牌形象和服务质量。
- 品牌的树立不是一朝一夕之事，要想持续地获得客户认可和市场竞争力，就必须通过变化来适应市场需求。

6

优质服务没有上限,更没有尽头

在现代商业环境中，服务是企业生存发展的关键要素。企业只有不断提升服务品质，才能赢得客户的信赖和忠诚。给客户提供优质服务，不仅是企业的责任，更是一种使命。在这种情况下，再优质的服务也需要不断创新，优质服务既没有上限，也没有尽头。

首先，市场的变化和客户需求的提升要求企业必须要与时俱进。所谓与时俱进，既包括产品的不断更新，也包括服务方式和服务水平的不断提升。其次，企业的长久发展需要客户的信赖和口碑，要想赢得客户的信赖和口碑，企业就需要为客户持续提供优质的服务。

从以上两点可以看出，在服务至上的时代，优质服务一样需要不断跃升，持续进步。

买卖结束，只是售后服务的开始

> 只有完善的售前、售中、售后服务才能令顾客达到满意，这必须靠个人及团队的专业知识能力来保障，让顾客买到最合适的商品，这也是员工的最大价值和成就。工资收入是靠自己和团队的专业能力获得的，是汗水、是能力、是智慧。售后只是弥补售前、售中能力的不足，保障顾客利益的最后一道防线。所以要做得更好。
>
> ——于东来分享

在现代商业社会，买卖结束并不意味着服务就结束了，因为服务的延续性要求企业继续跟进服务，继续提供价值，维系客户关系。这种维护包括两种情况，一种是出现售后问题，另一种是没有出现售后问题。在出现售后问题的情况下，企业要及时有效地予以解决和帮助，因为在帮客户排忧解难的过程中，可能就会与客户建立起更加深厚的情谊。就像于东来在微博中谈到的："各个部门不要害怕工作中出问题，只要及时圆满地解决好，通过自己的能力，让坏事变成好事，既锻炼了自己，更强化了内部管理，抓好商品价格质量和服务又满意了顾客，还跟顾客交成了朋友。"如果没有出现售后问题，企业要做的关系维护则包括提供新品消息，提供试用产品，或偶尔赠送一些小礼品，等等。以细水长流的服务模式提醒客户不要忘了你，如果有需求就继续来找你。可见，买卖结束只是售后服务的开始，而且这个开始至关重要，因为它与客户忠诚度息息相关。那么如何做好售后服务呢？

首先，学会妥善处理投诉，用优质服务将坏事转变成好事。在前面，我们曾经讲过一个客诉处理的故事，一位顾客在胖东来买的排骨有些不新鲜，于是他打了投诉电话，服务人员半小时内上门为他提供退换货处理，送上一份新鲜排骨的同时，还给顾客退了钱。这件事让顾客深受感动，于是他写了一封表扬信给胖东来。你看，本来是投诉事件，最终却变成了顾客对企业和服务人员的表扬。这说明什么问题呢？出现问题不可怕，勇敢地承担责任，可能会把坏事变成好事。但把坏事变成好事也是有技巧的，就换排骨这件客诉而言，存在三个服务技巧：第一，及时予以回应并真诚道歉；第二，在半小时内上

6
优质服务没有上限，更没有尽头

门提供退换货服务；第三，把辨别肉质新鲜与否的专业知识传播给客户。那是不是所有的客诉处理全部按照这个流程就可以了呢？极致服务榜样胖东来告诉你，还远远不够。

于东来在一次内部会议中，举了一个案例，大致是说有顾客买到了不太新鲜的大闸蟹，所以打了投诉电话。当时那位顾客一共买了20只大闸蟹，每只10元，总计金额200元。于东来针对此事，详细讲述了自己处理客诉的思路。

首先，肯定是道歉，承担责任，并告诉顾客解决问题所需要的时间。比如："对不起，让你受委屈了，我们马上安排给你解决好吧？然后我们马上去调查这个原因是什么造成的，保证在半个小时或者一个小时以内给你解决好。"

其次，根据商品的情况，根据顾客的情况，给出有针对性的解决方案。一般情况下，商品质量出现问题，要按原价给顾客退钱，200元买的大闸蟹直接退给顾客200元。但我们不仅要退钱，还送上了一份品质更好的大闸蟹。这种超出预期的处理结果才是赢得客户信任的撒手锏。

最后，不仅要处理商品问题，还要考虑到客户心情。"如果是他吃了影响心情了，要根据环境不同，制定赔偿方案。打个比方，如果现在你们家里人过生日买的大闸蟹臭了，赔偿多少你愿意。正常人的心理，给他1000元他能高兴吗？这种事发生了，应该拿出什么样的方案？不等他说，就去讨论这个期望值，直接给他5000元钱，你说他怎么说，不可能天天都是这样。"

所以你看，虽然全都是食品的客诉案例，但处理方式却有不小的区别。可见，在售后服务中，需要考虑很多问题，要针对不同的事件给出最合适的处理结果才算是优质的服务。

其次，要通过服务与客户建立起更长久的关系。即便没有售后问题，一次交易的结束，也不代表企业服务就完成了。因为客户可能还会有后续需求，或客户的家人、朋友可能会有相关需求。因此，一个客户身上就可能会存在N种消费需求。那么，这些需求由谁来发现呢？肯定是由后续的服务人员来发现。比如，我在某商家处买了一箱酒，商家知道我的联系方式后，会偶尔寄送新酒的品尝装。我尝了一种新酒，觉得口味不错，便又下单购买了一箱新酒。在这个小案例中，第二次下单其实就是商家后续服务创造的新需求。企业提供的持续服务中，隐藏着很多有价值的消费需求。这些需求能不能被及时发现，则取决于企业有没有提供持续的优质服务。

总之，一次交易的结束并不意味着客户的消费需求就此终结，相反，客户可能会有更多的后续需求等待被满足。通过提供持续的服务和关怀，企业可以发现客户更多的潜在需求，从而为企业创造更多利润。

经营之道

- 在一次买卖结束后，如果出现了售后问题，企业要及时有效地帮客户解决问题，因为真诚的售后服务可能会将坏事变成好事。
- 一次交易的结束并不意味着客户需求的终结，企业要持续提供优质服务，进而从后续服务中发现更多潜在客户需求。

给顾客提供独一无二的体验

> 我在柜台做销售员的时候,我也很在意挣了多少钱。但同时我更在意顾客的感受,所以我努力从工作中满足顾客的需求,从商品知识、品类、质量、价格、服务等各方面提升自己,顾客满意的时候我心里充满了满满的幸福,这种来自工作的幸福使自己非常充实。因为我懂得为顾客创造快乐,所以我自己也非常快乐充实。
>
> ——于东来分享

在体验经济时代,服务的作用相当重要。但服务又是一个范围很广的概念,仅仅是服务对象,就包含着各种各样的个体。你面对一千个客户,就需要提供一千种不同的服务。因为每个客户的个性、喜好、需求等千差万别,而要想赢得客户的心,只有提供独一无二的服务体验。比如在海底捞,免费的食物有很多种，这就能满足不同顾客的需求。同样的服务认知转移到零售业，那就是顾客对商品形态千差万别的需求。

举个简单的例子，在以前，超市卖西瓜只能整个出售。但现在，顾客不仅可以购买半个，还可以购买更方便食用的西瓜切块，这就解决了不同顾客的不同需求。对于上班族来说，他想要带水果到公司去吃，那么购买分装好的西瓜切块就很合适。对于人数较少的小家庭而言，一个西瓜太大，而半个西瓜的分量正好。从只出售整个西瓜到半个西瓜，再到西瓜切块的出现，这样的服务策略调整就是在满足顾客的个性化需求。

而随着生活水平的提升，人们对卫生、口味、健康等的需求不断发生着变化，企业要想达到顾客满意，就需要与时俱进，不断进行服务创新，来适应客户的需求。我们还以卖西瓜为例，但这次是胖东来的西瓜。胖东来有个专门的西瓜分切台，台面、刀具等卫生整洁肯定是不在话下的。它们的创新之处是不仅会帮需要的顾客将大西瓜分切成块，而且放入分装盒里的西瓜块全是中间最甜的部分。对于对口味有特别需求的顾客而言，这样体贴的个性化服务如何能不俘虏人心呢！

那么，企业要想给顾客提供独一无二的个性化体验，需要在哪些方面做出努力呢？

首先，进行全面细致的前期调查。没有调查就没有发言权，这一理论在服务行业同样适用。针对顾客的调查包括顾客

胖东来，你学不来

的喜好、习惯、价值观以及对产品或服务的期望等。针对社会的调查包括大众的收入水平、消费习惯、认知转变等。了解了调查内容后，还要使用多元化的调查方式，比如收集顾客反馈、进行问卷调查或与顾客进行直接沟通等，调查方式越多样，调查覆盖面越广，调查数据就越有说服力。只有充分地了解顾客需求和社会变化，企业才能做好个性化需求服务，从而真正给顾客提供独一无二的服务体验。

其次，提供"量身定制"的服务。在前面，我们谈过王老吉为了迎合顾客的个性化需求，而出产过高考定制装和中考定制装，这就是给顾客提供"量身定制"服务的表现。而随着消费者多样化、个性化需求的发展，为一批人定制产品或服务已经升级为，为单个人定制产品或服务，而且在当今时代这已经是屡见不鲜。我们来讲一个海尔的案例。

大约在20年前，海尔就在全国率先提出了定制服务。它推出的定制服务是什么呢？就是由消费者来设计冰箱的样式，消费者可以根据自身需求来设计冰箱的颜色、款式、容量等，消费者设计好后，海尔来生产。这项服务一经推出就取得了十分骄人的成绩，市场反响很好，赢得了大批消费者的好评。

从2000年8月"定制冰箱"服务推出，在短短一个月内，海尔就收到了超过100万份定制订单。要知道，在1995年，海尔冰箱的年销量才首次突破 100 万台。而定制冰箱一个月的数据便刷新了这个纪录。不得不说，定制服务在满足消费者的个性化需求后，确实给企业带来了巨大的利润空间。

自从海尔推出定制冰箱后，这种创新服务开始在全国掀起热潮。市场上出现了大批定制产品，如定制家具、定制珠宝、定制电器，等等。在以前的认识中，商品只有大批量生产销售，才能为企业带来可观的效益。这种观点在过去确实有一定的合理性，因为大批量生产可以降低单位产品的生产成本，提高生产效率，从而实现规模经济，为企业带来可观的效益。但是，随着时代的发展，规模化的商品已经无法满足消费者需求。所以，给顾客提供独一无二的个性化产品或服务是大势所趋。

个性化产品或服务除了能满足顾客的独特需求之外，还有一些好处，最明显的好处就是减少了库存积压。 比如以前生产一批冰箱，如果顾客因颜色、外形等因素不满意就不会购买，没有消费就会造成产品积压。产品积压一方面是对原材料和能源的占用，另一方面又是对企业资金的限制。相反，如果根据顾客需求为其提供定制产品，则既可以增加顾客满意度，又能节省材料和资金。这其实是一举两得的商业行为，在满足顾客个性化需求的同时，也提升了企业的竞争力和可持续发展能力。

海底捞创始人张勇提出"客人是一桌一桌抓的",其本质也是给顾客提供个性化的服务。群体与群体不一样,个人与个人也不一样,那么企业所提供的产品或服务体验自然要有所区别。给顾客提供个性化体验,实际上是件双赢的好事。顾客获得独一无二的体验,企业获得长足发展的机会。

经营之道

- 在充分了解客户需求和社会变化的前提下,才能做好个性化服务,从而真正给顾客提供独一无二的服务体验。
- 个性化产品或服务的出现,一方面满足了客户多样化的需求,一方面也节省了企业的物质及人力资源。也就是说,为顾客提供独特的体验,对企业而言也是有益无弊的。

每一个贴心的小想法，都是服务的大创新

> 我经常问自己：让每一位顾客满意，我们真正做到了吗？回答是：没有。想一想我们现在的环境，离顾客的要求还相差很远；我们的理念，还没有真正从每一个员工身上体现出来；我们的承诺，也还没有真正不折不扣地兑现。我们应当不断总结自己的不足。如果我们真正给顾客提供了一个优美的购物环境，琳琅满目的商品，更多实实在在的服务项目，不只是喊在我们的口头上，而是让这些在行动中体现出来，那样才能保证让每一位顾客满意。
>
> ——于东来分享

很多企业觉得，进行服务创新会耗费人力物力，增加额外支出，从财务运营角度看是一件不划算的事。其实，对于那些

敢于迈出创新步伐的企业而言，**服务创新并非只是一种成本，更是一种投资，一种为未来发展铺路的战略选择。**举个小例子，经常去超市买菜的人可能会知道，要用到那种成卷的购物袋，对于我自己来说，搓开袋子很费劲，尤其是冬天手比较干冷的情况下，更是无计可施。有时，如果身边站着服务人员，我可能会请他帮忙。但如果身边没有人，有时候我会直接手里抓着一把菜去结账，或者干脆不买了。

这个购物困扰肯定不只发生在我一个人身上，因为胖东来针对此事，就进行了一个小创新，在购物袋架子上加了一个湿手器。湿手器大家并不陌生，银行工作人员或企业的财务人员在点钞时会经常用到，它就是一个湿润的海绵球，轻轻按一下能增加手指的湿度，使搓开袋子更容易。胖东来只是把湿手器和卷袋架连在了一起，这么贴心的一个小设计，不知道平抚了多少顾客因搓不开卷袋而烦躁的内心。

创新很小，但真诚却是满满的。**这种细微但贴心的服务创新，不仅让顾客感受到企业的关怀和用心，也为企业带来了实实在在的商业价值。**

服务的本质是给顾客带去便利，所以服务要怎么创新，必须围绕着顾客来进行。在此基础上的改进和创新，才是有效的。一般情况下，服务创新要经历以下步骤：

第一，了解顾客需求。了解顾客需要什么样的服务，或顾客在哪些方面碰到了难题，针对顾客的实际需求和难点进行考量，企业才能做出有针对性的服务创新。比如，家庭的宽带上网业务分为包月和包年等多项选择。为了方便，很多人会直接选择包一年或三年，甚至更长时间。但时间一长就会忘记宽带续费日，从而断网影响了正常使用。可能这种情况发生在很多用户身上，所以通信公司进行了一项服务创新，那就是宽带到期日的前一个月或前一周，通信公司会发短信进行续费提醒。这项小小的提醒服务其实就是在帮顾客解决难题的情况下产生的，也实实在在地给顾客解决了实际问题。

第二，提供个性化定制服务。个性化定制服务是体验经济时代服务创新的特色之一，着重于根据不同顾客的需求和偏好，提供不一样的服务体验。比如，针对幼儿园小朋友的需求，出现的给水杯刻名字的服务。因为有些小朋友的水杯是一模一样的，不好区分，所以销售企业会提供一种在杯体上雕刻名字的服务，虽然很不起眼，却帮老师和家长们解决了大问题。此外，在项链或戒指等首饰上雕刻生日、纪念日等，也在定制服务的范畴之内。

第三，快速响应。一旦顾客提出了问题，企业一定要给予快速响应。因为迅速做出处理不仅是对顾客给予关注和尊重的表现，更是企业的竞争优势。在前面，我们讲过胖东来"敲鱼台"的案例，那就是企业快速响应的标准做法。

暖心小贴士

便民打包服务

贴心服务

6 优质服务没有上限，更没有尽头

我家附近有一个徽州菜馆，菜品和口味都不错，不论中午还是晚上，都是顾客盈门的状态。开始，我以为只是菜好吃所以顾客才多。但经过一件事后，我有了新的体会。

一次用餐后，在前台结账时我顺手拿了一块薄荷糖，很多餐馆都会免费提供这种清新口气的糖，这并不是特别服务。我看到薄荷糖的配料表里有白砂糖，就跟妈妈随口念叨了一句："你不能吃，这里含糖。"妈妈点点头表示不吃，因为她血糖稍高，所以饮食中要控糖。正在帮我结账的服务人员听到我的话后，突然抬起头来说："姐，你提的这个问题太好了，我们给忽略了。"我其实只是随口说说，并不算提建议。隔了几天，我又跟朋友去那里吃饭，发现放糖果的地方又多出了一个盘子，并且两个小盘子上分别竖着标牌，一个写着"含糖薄荷糖"，另一个写着"无糖薄荷糖"。看到这里，我突然对这家生意兴隆的餐馆有了更深的认识。

在服务创新中，企业是第一时间反应还是延迟反应，有着天差地别的影响。第一时间反应能够更快地满足顾客需求，提升服务品质。而延迟反应则会降低顾客的期望值，甚至导致顾客流失。

第四，将创新服务反馈给顾客。简单来说，就是谁提出的问题，企业改进后要及时向谁反馈。比如，冬天下雪，某位顾客向超市提出建议，说进门处要多放几个脚垫，否则进入超市时容易滑倒。超市人员第一时间放好脚垫后，应及时告知这位顾客："您好，我们已经按您的建议增放了脚垫，感谢您的宝贵建议。"这种反馈不仅会让顾客感受到被重视，还能够激发他的参与感，进而促进顾客与企业之间的亲密关系。

总之，服务创新无所谓大小，有时只是举手之劳，但传递给顾客的却是莫大的关怀和信赖。

经营之道

- 有时，服务创新会增加企业成本，但这种投资是为企业未来发展铺路的战略选择，并非是单纯的额外支出。
- 服务的本质是给顾客带去便利，所以服务要怎么创新，必须要围绕着顾客来进行。

能传递快乐才是优质服务

> 你们觉得你们改变了，实际上没有，也不见得比原来快乐。这么多年的真诚并没有换来真正的快乐，是因为你们一直都没有打开自己的思想，一直不知道自己要干什么。本来应该是很欢乐的，大家真情相融、相互成就。不管在哪个位置，不管能力是什么样，起码要乐观地对待人生。
>
> ——于东来分享

服务的目的是为了满足人们的需求和要求。物质方面的需求有衣、食、住、行等物质资源或产品，而精神方面的需求则涵盖情感、认知、心理等多方面。对于像胖东来这样的零售企业而言，服务意味着一方面能给顾客提供优质产品以满足其物质需求，而另一方面则是带给顾客精神方面的快乐和享受以满

足其精神需求。 也就是说，某种程度上，能传递快乐的服务才是优质的服务。

在胖东来的《幸福生命状态手册》中，企业目标是：传播先进文化理念，培养健全人格。其中有这样一句话："培养大家开放、科学、富有创造性的思维状态，喜欢、静心、专注、乐在其中的做事状态，热情、自由、享受的生活状态。"当企业把员工培养成专注做事、乐享生活的人后，员工便会在工作中将这种积极的情感传递给每一位顾客。

这种给顾客传递快乐的服务充斥在胖东来的方方面面。在胖东来，服务人员的笑脸相迎以及贴心又专业的帮助，只是优质服务的一小部分。除此之外，卖场环境、产品布置等细节，也能给顾客传递快乐。胖东来的《企业文化手册》中对"温馨环境"是这样描述的："国际化、人性化的卖场设计，布局合理、通道宽敞、明亮整洁、音乐动听、温馨舒适，让顾客在这里能得到美的享受，充分享受购物带来的快乐和满足，如同家一样的感觉。"顾客在这样的环境中购物，买到的不仅是商品，还有视觉上的享受和心理上的满足感。也就是说，环境的整洁温馨同样也能带给顾客快乐。

这种快乐依赖于环境和产品本身，就像我们在风景如画的地方走一走，心情自然舒畅一样。也如我们拿到一款精致产品，不管买不买都能从它的设计、手感等方面获得精神享受一样。所以，**优质产品或温馨环境也能传递快乐，也能体现服务。**

当然，传递快乐的服务的主要载体还是企业员工，因为人与人之间的有效沟通更容易直抵内心。对于现代人而言，**购物不仅仅是为了满足物质需求，更是在休闲时光放松心情的精神体验。**胖东来之所以能赢得广大顾客的赞誉，主要就是让顾客在购物中获得了情感的快乐和满足。

身为服务人员，怎么做才能给顾客传递快乐呢？

首先，在面对顾客时，面带笑容。笑容是最简单也是最有效的沟通方式之一。当你以热情的笑容迎接顾客时，他们会从中感受到快乐和放松。据一项调查显示，大约有85%的顾客的购买决策是跟情绪体验相关的。一位能给顾客带去良好情绪体验的服务人员，更容易促成消费。

其次，管理情绪，让自己保持好心情。谁都会有情绪低落的时候，像快乐会传染一样，不开心也会传染。所以，服务人员要学会管理自己的情绪，不要把坏心情带到工作当中去。情绪管理有很多小技巧，比如找亲近的朋友倾诉，或看喜剧、听动感的音乐，等等。在胖东来，如果员工感觉情绪低落，可以请"不开心假"，之所以企业提供给员工这种福利，一方面是出于对员工的人性化关怀，另一方面也是杜绝员工把坏情绪带给顾客，防止带给顾客不好的购物体验。

再次，可以通过某项技能带给顾客愉快的体验。服务人员可以通过展示自己的专业技能或特长，为顾客带去愉快的体验。比如，老北京以前做小生意的买卖人，擅长吆喝，其声音洪亮、语言押韵，像唱歌一样动听。会吆喝的买卖人，生意总是很好。再比如，餐饮业的神奇存在"海底捞"，他们的扯面表演是一项极具观赏性的服务。还有在2023年爆火网络的海底捞舞蹈"科目三"，这些服务项目都是通过个人的技能带给顾客愉快的体验，让顾客们在用餐的过程中感受到了无与伦比的快乐，从而使用餐变成了一种愉悦的体验。

最后，善用小礼品、小赠品等给顾客惊喜。给顾客一些意外的惊喜，比如提供免费的小礼品、优惠券等，让顾客感受到生活中的小幸福。在胖东来香水专柜工作的一位员工曾讲过这样一个小故事：

一位年轻顾客去买香水，选定付款后，这位服务人员打开包装，让顾客验货，结果顾客刚掀开香水瓶的盖子，喷嘴就掉落了。服务人员赶紧解释说："可能是运输过程中晃动较大，所以致使喷嘴掉落。给您带来不好的体验，真是抱歉。可目前我们这个店里没有同款香水了，您要么选择退货，要么等两天，我们赶紧从其他店给你调货。"年轻顾客表示，自己可以等，不用退货。服务人员为了表达歉意和谢意，给顾客赠送了一些她选购的这款香水的小样,顾客非常开心。第二天,同款香水就到货了,顾客顺利地将其取走。临走的时候,服务人员又赠送了她其他几款小样,顾客超级惊喜。通过这件事,顾客和服务人员之间建立起了像朋友一样的关系,每每再光临胖东来,哪怕不是来买香水,顾客都会转到香水专柜跟服务人员打个招呼。

有时候,给顾客一些小礼物,或让顾客占一点"小便宜",会让顾客产生特别愉快和满足的情绪。这就是赠品的作用,不仅能提升顾客的心理满足感,还能使顾客在快乐的消费体验中增加对企业的忠诚度。

经营之道

- 一方面,服务意味着给顾客提供优质产品以满足其物质需求;另一方面,服务也是给顾客提供快乐和享受以满足其精神层面的需求。由此可见,能传递快乐的服务才是优质的服务。
- 优质服务不仅是从面对面的沟通中获得的,也是从优质产品和美好环境中获得的。

服务态度与专业能力,哪个更重要

> 挣钱最起码也得有专业,如果没有专业的认知和技能,那你怎么能为客户带来价值,你怎么能让客户买的东西是安全的。那这个基本的专业水平是很容易实现的,就像卖茶叶,最起码得有对茶叶的了解,得了解毛尖的产区,为什么产毛尖,特色是什么样的,等等。你要对这些了解,你专业了才能进到货真价实的、实实在在的货,最起码是物有所值。顾客买了后,他最起码是放心的,他感觉他的消费是安全的,这就需要我们有专业。
>
> ——于东来分享

在以往的认知中,服务态度和专业能力两者谁更重要,取决于所处行业。比如在医疗行业或法律行业,作为医生或律师,如果没有专业的知识和技能,就很难保证工作的顺利进行。在类似这样的行业中，专业能力似乎更加重要。而在餐饮或零售等行业中，只要服务态度和沟通能力尚可，几乎就能做好工作，服务态度似乎更加重要。

但随着商业的发展，在任何一个行业中，仅有良好的服务态度或者仅有专业能力都是无法顺利完成工作的。我们举个简单的例子。

甲和乙都是卖二手车的，他们在同一家公司工作。甲缺乏专业知识，而乙则拥有丰富的专业知识。与顾客初次见面时，甲热情地上去打招呼："大哥您好啊！看看车吗？昨天刚送来几台车，尤其那台蓝色的，看起来跟新车没区别。"听完这些热情的引荐，顾客可能很开心。但选购二手车有哪些要点，如何避坑，甲对此一知半解，那么在服务过程中，如果顾客询问，甲很快就会出现答非所问，或根本答不出的情况，那顾客就会觉得甲不专业，失去对他的信赖。

此时，乙就能看准机会，用自己的专业赢得顾客的信任。比如，在甲答不上来的情况下，乙就可以自信地接话说："大哥，买二手车一般得注意这三点。第一，咱得看看车是不是泡过水，您来看……泡过水的车从这些地方就能辨别出来；第二，咱还得看看车是不是出过重大交通事故，发动机有没有大修过，一般大修过的发动机……第三，就得看看这辆车的手续是不是齐全，比如某某、某某等有没有。"通过乙的介绍，顾客会觉得他很专业，是个内行，听取他的建议选车肯定没错。在专业和非专业的对比下，顾客肯定更加信任专业人士。

不管是从事哪一个行业，员工都要具有专业能力。如果专业度不够，顾客会觉得服务缺乏价值。尤其是在产品同质化严重的今天，如果顾客问：这三种洗发水都有去屑功能，哪个更好呢？不够专业的服务人员可能会说：应该都差不多。此话一出，不论你笑得多甜，态度多热情，在顾客心中，你也没有帮他解决实质性的问题。没解决需求就无法促成交易，没促成交易就不能获得利润，这是显而易见的事实。所以，在任何一个行业中，专业能力都是优质服务的基础，所有行业的服务人员都应该具备一定的专业知识。

专业一方面是给服务的保障，另一方面是企业的另一重要竞争力。这也就是为什么，原本处在弱化专业能力行业中的胖东来却一直在强调专业能力的主要原因。在商超林立的当今社会，胖东来凭什么能当仁不让地成为当地零售业的领头羊，一靠过硬的商品质量，二靠在专业能力支撑下的优质服务。当其他零售业的服务人员只知道"您好，欢迎光临""再见，欢迎下次光临"的时候，胖东来的员工已经能够依靠专业知识与顾客建立起更深层次的对话；当其他零售业的服务人员只能告诉顾客牙膏在哪个货架，饮用水在哪个货架时，胖东来的员工已经能够对前来买冰糖的顾客介绍说：我们一共有几种冰糖，它们各有什么特点，针对不同人群建议选购哪一种，等等。这就是专业能力。**只有在专业能力支撑下的服务，才能使服务的价值最大化。**

所以在胖东来，不论是生鲜区，还是日用品区，抑或是珠宝部、医药部等，员工都需要熟悉每一种商品的名称、产地、特点等，这都是他们服务人员必须具有的专业能力。就连胖东来的保洁，都比其他保洁人员更具专业水准。我们前面曾讲过胖东来的保洁员擦地面的案例。而在《超市部保洁实操标准》中，则有更加细致的要求，如不同区域要用什么样的清洁剂，不同材质的物品要如何清理，等等。

可见，胖东来想要的不只是员工的专业状态，甚至还有更高要求，那就是员工的"工匠精神"。他们期待部分员工能成为某领域的专家，比如珠宝部的员工不止能卖珠宝，还知道如何保养珠宝，甚至还能鉴定珠宝。在工匠精神的引领下，员工成为更专业、更好的自己，能在工作中找到存在的价值和人生的快乐。就如于东来在微博中说的那样："把工作做到工匠状态，才能感受到工作也是那么快乐，是多么幸福。因为你投入了爱，感受到了成就感的喜悦，你喜欢和爱上了你的工作。倡导工匠精神，让更多人学会分享工作的快乐。"

当员工成为更专业的人后，他所提供的服务已经不是单纯意义上的服务，而是某领域内专业知识的分享。也就是说，专业使服务更有价值，提高了服务的品质，而更优质的服务则需要员工具备更专业的能力。由此可见，在优质的服务中，专业能力不可或缺，但同时也要具有良好的服务态度，因为它们之间是相互依存、相互提升的关系，缺少任何一个都会影响整个服务的质量和效果。

经营之道

- 在现代商业社会，服务态度和专业能力缺一不可，两者是相互影响、相互提升的关系。服务人员必须两者都具备才能成为真正的服务专家，既为顾客提供价值，也为企业赢得声誉。
- 只有在专业能力的支撑下，服务所产生的价值才能最大化。

不断学习能提升服务能力

> 所以你们这些人在公司已经长期干了这么多年了,对公司的文化了解,然后对自己从事的职业也充满着美好的愿望,但是你们的专业意识还非常弱,这就是你们需要提升(的地方)。第一你们自主学习提升,第二引进专业的人员相互辅助。专业技术人员进来,然后你们分享给他们文化,他来体现他们的技术,结合起来,去创造、研发更好的产品。
>
> ——于东来分享

世界上唯一不用努力就能得到的只有年龄,其他都需要不断学习,服务能力也包括在内。服务能力涵盖的范围很广,它指服务人员所需具备的所有专业知识和技能,比如沟通技巧、解决问题的能力、倾听理解的能力,以及通晓自己服务领域内

胖东来，你学不来

STATE
无论做什么，都要做出一种**境界**
No matter what, try your best

专注和喜欢 一定会有好结果

只有思想自由 才会有无穷的想象力和创造力

希望每个人都成为太阳 勇敢的释放温暖和热量

LOVE PASSION
FILLS YOUR HAPPINESS
一切幸福都是因为爱与喜欢

生命在于**释放**而非修行
LIFE IS ABOUT RELEASING OURSELVES
NOT SPIRITUAL PRACTICE

胖东来随处可见的标语

商品的专业知识，等等。可见，**服务能力的提升并不简单，并非一朝一夕就能达成，它需要服务人员不断努力学习。**

而且，**学习不只是基层服务人员需要，而是企业自上而下全部需要。**因为事实证明，世界上任何著名企业的发展，都离不开"学习"二字。就像德鲁克所认为的：学习已经越来越成为企业保持不败的动力之源。在一个企业中，领导者需要通过不断学习来探索新的战略和思路，以带领企业前进；管理人员需要通过不断学习来提升管理能力，以此保证企业健康运转；基层员工需要通过不断学习来提升自己的专业技能和服务水平，以求更好地服务客户。

于东来曾多次表示，虽然自己文化水平不高，但从未放弃过学习，他读王阳明，读老子，从他们身上了解到知行合一、崇尚自然、崇尚真善美的重要性，并将这些知识运用到企业运营过程中，从而形成了胖东来追求爱与幸福的企业文化。同时，于东来还要求管理层和所有员工一起学习，既要学习专业知识和技能，还要学习人文知识和科普知识，使思想和能力得到同步提升。

比如，在胖东来时代广场店的地下停车场墙面上，悬挂的画框中所写的既不是产品促销信息，也不是类似"大干三十天，冲刺上半年"的励志标语，而是有关宇宙起源和世界宗教发展历程的图文解说。而在胖东来官网《企业文化理念门店植入参考标准》这份文件中,更是提供了很多学者如卢梭、苏格拉底、尼采、黑格尔等人的名言用以装饰门店墙面、柱子或员工休息室等处的例子。我们且不谈论这背后想要塑造的企业文化和价值理念,单从形式上看,这不正是给员工和顾客提供的一种汲取知识的途径吗!将学习融入生活、工作的方方面面,就连去胖东来购物,也可以边购物边研读先贤的名言,从中体味人生哲理。

了解了学习的重要性后,我们还得通过胖东来这个成功的实例来看看学习的途径都有哪些?古人认为最好的学习途径莫过于"读万卷书"和"行万里路",到现在这两种方法仍不过时。

首先,通过"行万里路"进行学习。于东来曾带领着管理团队去欧洲、日本等地进行考察,"去学习瑞士的忠诚、英国的绅士、北欧的悠闲",等等,还遍访山姆和COSTCO,去学习对方的门店布置和服务技巧等。当别人认为胖东来最大的优点是对员工好,对顾客好时,于东来却说:"胖东来最大的优点是——学习。"

但仅去实地考察、进行学习还不够,还要应用在自己的企业运营中,就像于东来看到瑞士一年的休假是180天后,也想实现这样的休假状态,于是从10年前便开始调整休息时间。如今,胖东来的员工实现全年休假140天,管理层更是达到了

190天。这无疑是对员工辛勤工作的回馈。员工休息好了，工作效率自然提高，服务意愿自然增强，直接受益的是顾客，而最终受益的是企业自身。他们到日本进行考察，从全球最年长的米其林三星寿司大厨小野二郎身上，学习到了对事物的极度专注和热爱，于是将其应用到自己的企业中，要求每一位员工都要"不断地向深度、专业的方向发展，成就专家的能力和价值"。

其次，通过"读万卷书"进行学习。胖东来的"万卷书"不仅来源于员工图书馆，还来源于各个部门的《岗位实操标准》《幸福生命状态手册》《胖东来故事手册》《文化理念培训大纲》等企业文件。不夸张地说，如果员工能够熟读这些企业文件，服务能力将会极大提升。

除了"行万里路"和"读万卷书"以外，通过在工作中实践、向榜样学习等方式也能提升服务能力。比如在实践中，员工可以不断地积累经验，发现问题并加以解决问题，从而提升自己的服务水平和专业能力。而通过观察和效仿榜样的言行，也可以指导自己的工作，进而提升服务能力。总之，考察、读书、实践、培训及向榜样学习这些方式都可以有效地提升员工的服务能力，每个人可以根据自己的情况选择不同的学习方式。学习是一个持续的过程，它带给企业的红利是源源不断的，就像《第五项修炼》的作者彼得·圣吉在书中说的："未来真正出色的企业将是那些能够设法使各阶层员工全心投入并有能力不断学习的组织。"

经营之道

- 服务能力的提升并非一朝一夕就能达成,它需要员工不断进行学习。
- 学习的方式有很多,读书、实践、培训及向榜样学习等方式都能提升自我,增强专业知识和服务能力。

给顾客超出期待的服务

> 这种意识的作用就是要有严谨的工作流程，就是国家标准一定是最低的底线，你们在整个规划当中，像原材料的规划，包括制作工艺的规划，去制定的时候都要非常严谨。所有卖的产品必须是国家标准质量以上的产品，达不到这些绝对不允许卖。
>
> ——于东来分享

服务中有个"超越期待"原则，意即在满足顾客需求的基础之上，给予他们一些意想不到的惊喜或感动。比如胖东来的上门退换货服务，如果哪位顾客买到了不满意的商品，找到商家要求退货，服务好的商家可能在询问清楚后，直接退款给你。但到了胖东来这里，不仅退换货，而且还上门提供服务。就像我们前面讲过的那个退换排骨的案例，胖东来同意给顾客退换排骨是满足顾客需求，但胖东来上门就是超越了顾客期待。再有，胖东来给顾客更换了一份排骨是满足需求，但同时把钱给退了就是超越期待。

满足顾客需求是实现商业目标的关键因素，但并不是提升顾客满意度和忠诚度的关键，要想形成顾客忠诚度，吸引更多老客户，提供超越期待的服务就是至关重要的。 当顾客感受到超越期待的关怀和惊喜时，他们会产生更深层次的情感认同，并愿意长期与企业建立良好的关系。这种关系不仅仅是单纯的经济交易，更是一种信任和情感的交流。

其实在胖东来，有很多项服务都是超出顾客预期的。比如卫生间里除了有洗手液还有护手霜，除了有卫生纸还有女性会用到的卫生巾或护垫，这里洗手液和卫生纸是顾客需求，但护手霜和卫生巾就是超出期待的服务。也许会有人说，这些超出期待的服务也要算在企业成本之内，那企业是如何平衡这些额外支出的呢？企业在提供超出期待服务的同时，也吸引到了更多的忠诚客户，这将为企业带来更多的收入和利润，从而弥补企业提供超出期待服务所产生的支出。从长远的角度看，给顾客提供超出期待的服务，是一场稳赚不赔的生意。

那么，如何为顾客提供超出期待的服务呢？

一、提供一些额外的帮助。比如，顾客在胖东来买完东西，如果有服务人员看到你手里拎的东西比较多，他们会帮你把物品送到停车场，这就属于额外的帮助。不要小看这些额外的帮助，因为这些小服务在为顾客提供便利的同时，也传递了企业的用心与关怀，这种细致入微的关怀最深入人心。

我家附近有个英语培训机构，它是纯外教教学，而且课堂氛围活泼，孩子在玩乐中就增强了口语能力，我的孩子开始就在那里上课。但这家机构所处的位置是它的不利因素，因为它在小区里面，能看到店面招牌的人非常有限。即便这样，却并没有影响它招生。每次送孩子去上课，总能看到有新家长来报名。我就问他们的教务老师："你们的位置这么偏僻，这些家长是怎么找到的呢？"他说全都是家长们转介绍的。

后来我的孩子上小学后，我才明白他们受家长信赖的原因。那就是除了基本口语课程之外，在每次学校要举行期中或期末考试前，老师都会给每个孩子安排一节单独的小课，帮他解答一些课上难题，而考试后，也会及时抽出时间帮孩子进行一次考试复盘。这样做的结果就是，孩子们的英语成绩都有不同程度的提高。对于家长们而言，这些额外的小服务在超出期待的同时，也确实为他们解决了实际需求。所以，这才是家长们争相支持这家机构的原因。

二、提供差异化的服务。根据不同客户在不同状态下的需求来提供服务，就是差异化的服务。

比如，某餐厅接待了几位异国顾客，他们预定了晚餐，当被问及要点什么菜时，他们只说点店里的招牌菜。按一般思路，店里只要根据大众对菜品的喜爱程度，或根据厨师擅长的菜品就能定制出一桌招牌菜。但这家餐厅的经理认为这种做法不可取，他根据客户留下的信息调查到，这些客人来自新加坡，其中一位客人在其他餐厅用餐时，曾特意叮嘱厨师，不要往红烧肉中加糖。了解到这些细节后，餐厅为他们制作了一桌专属饭菜，客人用过餐后，非常满意，尤其是那位不喜欢吃加糖红烧肉的顾客，在品尝了为他定制的红烧肉后赞不绝口。

一说到差异化服务，可能很多服务人员会觉得费时费力，事实上并不需要大费周章，相反，从一些小细节入手，让顾客感受到与众不同的对待，就是最好的差异化服务。

三、经常给顾客一些小惊喜。在前面，我们讲过顾客到胖东来买香水，最后跟服务人员成为朋友的案例。后来，这位顾客再去光顾胖东来，哪怕不买香水，服务人员偶尔也会赠送她新香水的试用装。这样的小礼物不经意间会给顾客带去特别的惊喜。大众常见的一个精油品牌阿芙就非常善用赠品，而且他们经常在赠品上进行创新，所以，顾客每次购买阿芙的产品，除了想获得商品本身外，还对其赠品充满期待。

其实，除了以上三种方式外，还可以通过很多方式给顾客提供超出他们期待的服务。比如某咖啡店就经常推出 9.9 元喝指定款咖啡的活动，对于咖啡爱好者来说，偶尔买一杯特价咖啡，是享受了福利，对企业而言，则无形中增加了顾客黏性，提升了品牌忠诚度。

经营之道

- 给顾客提供超出他们期待的服务，是一种获得顾客满意度和忠诚度的有效策略。
- 服务人员可以通过提供额外帮助、提供差异化服务和提供赠品等方式让顾客感受到超出期待的服务。

提供好服务，不等于一味迎合

> 不要过度地服务，不要取悦别人，一定要是发自内心的，不要让员工去对着顾客笑，这是作恶，是不道德的。我们把我们本身应该做的事情做好就行，员工才会发自内心的喜悦，他们也不可能一天都保持着那种微笑，那是不可能的。但是他们不会有那种不友善的心情，最起码是普通和喜悦的，大部分时间是普通的心情，反正我就做好这个事就行，我不需要去笑。但是还有一部分时间是笑的，因为心里面感觉有价值。当遇到顾客的时候，他感觉给顾客带来温暖的时候，他会笑。所以我们一定要去了解人性，然后用科学的方法来做你的这个企业。
>
> ——于东来分享

在体验经济时代，客户服务非常重要。但也要明确一点：提供好服务，不等于一味迎合。因为服务的主要目的是让客户觉得物超所值，从体验中感受到产品或服务的真正价值，这样顾客才能心甘情愿地从口袋中掏钱，并进行重复购买。但让客户觉得物超所值，并非简单的迎合就能达成。

因为一方面，要想让客户感受到物超所值，关键在于了解他们的需求和期待，在这个基础上提供超越预期的体验。这种超预期的体验既来源于优质产品，也来源于优质服务。所谓的优质服务是根据客户需求，将产品全方位地呈现给对方，告诉他产品的优点在哪儿，与其他产品的区别在哪儿，怎样合理使用，等等。也就是说，**服务人员先要成为产品专家，进而才能提供出优质服务。可见，脱离专业的一味迎合，与优质服务关系不大。**

另一方面，**一味地迎合不仅让客户感受不到真正的价值，也会对服务人员的情感和工作体验造成负面影响。**如果总是通过不断妥协去迎合客户的一切需求，长久下去，服务人员内心的不满和压力骤增，从而影响到工作的积极性和主动性。就像于东来在微博中说的："服务顾客不只是让顾客开心满意，更重要的是自己感到自信、幸福。"因为从人性的角度出发，自信快乐的人具有独特的魅力和影响力，更能深刻地理解快乐、幸福的理念，并将其传递给他人。要求服务人员一味迎合顾客，既不符合人性规律，也无法为顾客提供物超所值的服务。

既然一味迎合不可取，那么给顾客什么样的服务才算是物超所值的呢？

首先，顾客需要的是有价值的指导。在胖东来，很多商品的旁边都会有小提示。比如有涂层的锅得用硅胶锅铲，但硅胶产品怎么正确使用、怎么保养，很多顾客不知道。没关系，胖东来都在提示中一一注明。再比如，不同面料的衣服清洗方法不同，虽然有时衣物内里的小标签上会简单说明，但不容易被注意也不够全面。没关系，胖东来在提示中清楚明了地告诉顾客怎么洗涤、怎么保养。以上这些，都是有价值的指导。一切好的服务，首先要建立在有价值的基础之上。**提供给客户的服务必须具有实际价值，能够帮助他们解决问题，这是优质服务的基础。**

其次，顾客需要的是成功的引领。对于顾客而言，什么商品是潮流的、时尚的，其实他们并不十分清楚。所以，苹果的前 CEO 乔布斯曾经说过，消费者根本不知道自己想要什么，直到我们拿出产品，他们才觉得，这就是他们想要的。言外之意，**顾客需要的是成功的引领，能够带领他们看得更远、更高的服务就是好的服务。**所以，在优质的服务中，一定要包含能够带给顾客引领作用的因素。比如，对某产品现状的看法，对相关特点的剖析，对发展方向的预测，等等。当顾客听完，让他们有茅塞顿开的感觉最好。即便没有，也要让他们为你的专业竖大拇指。相比于一味地迎合，成功的引领才更有价值。举个简单的例子，在房屋销售中，哪种销售人员的业绩最好呢？多半是那些手里掌握着准确的政策信息，并对房价的升降有着大致判断的人，因为他们提供给顾客的服务是具有引领性质的。相对于只能带顾客看房，只能提供表面服务的销售人员，他们提供的服务更加高端、更有价值。就像《获客心法：洞悉用户需求的8个关键》一书中说的："想让顾客信任你，不如直接让他仰望你。"

总之，给顾客优质的服务体验并不是要处处迎合他们，而是要在理解顾客需求的基础上，为他们提供最具价值的商品。

经营之道

- 优质的服务并不意味着要毫无原则地迎合顾客的一切要求，而是要在理解顾客需求的基础上，用心去帮助他们找到最具价值的商品。
- 优质服务的基础是能够帮助顾客解决实际需求，同时提供超越期待的体验。

优质服务源于换位思考

> 我们要爱顾客,要想到顾客的需求,不要按照自己的想法去走,要把这种爱融入自己的做人做事中去,不要站在自己的利益上去考虑问题,不要违背了"利他之心"的理念。爱是什么,爱是最幸福的东西,是最美丽的东西,最纯洁的东西,带着爱去做事的时候,才会把商品的价值诠释出来,才会把最美好的东西带给顾客,才能让商品为顾客提升生活的品质。
>
> ——于东来分享

只有把自己当成顾客,设身处地地进行换位思考,服务人员才能真正地了解顾客的需求,从而提供有效服务。在胖东来,有个开榴梿的故事特别值得深思。

6 优质服务没有上限，更没有尽头

一位顾客去胖东来买榴梿。服务人员帮他打开第一个榴梿后，觉得有一房果肉不是特别饱满，就建议顾客换一个。顾客一听有点惊诧，就反问道："还能换一个吗？"服务人员连说："能换一个。"于是又打开了第二个。第二个看起来还是有点小问题，顾客说，自己以前买过这样的，不是很好吃。服务人员说："那咱们再换一个。"顾客听后，连忙问："这过不过分啊？"服务人员答："不过分，不过分，要保证你满意的。"就这样又开了第三个榴梿，终于让顾客买到了最满意的一个。

胖东来卖榴梿的方式跟其他商超企业不同，不同点有二，第一，如果榴梿的成熟度不好，就算顾客想买，人家也不卖。第二，先开后付钱，而且是开到顾客满意为止。从这一点上看，胖东来卖榴梿不仅是商品的交换，他们还为顾客的口感和体验负责。他们希望每一位顾客都能买到质量最好的榴梿，体验到最佳的口感和风味。他们缘何能产生这样的想法呢？毋庸置疑，肯定是源自换位思考。

咱们还以买榴梿为例，很多时候，大家买榴梿的时候都抱着一种很忐忑的心情，幸运的话能开出优质果肉，不幸运的话那自然是开出的果肉既干瘪又难吃。开出好的心情自然舒畅，但开出不好的也只能自认倒霉。再加上榴梿不便宜，一个要花费上百元，所以榴梿很难在超市成为畅销水果。胖东来正是根据大众的这种心理，才制定出了卖榴梿的两条原则。可能会有人质疑：榴梿这么个卖法，胖东来不得亏死。可看到榴梿专柜前络绎不绝的消费人群，还能说胖东来亏吗？一个真心做到与顾客换位思考的企业，顾客是不会让他吃亏的。

只有站在顾客的角度思考，才能更好地理解顾客的需求和期待，从而更好地满足他们的需求。这种心态能够帮助企业更加敏锐地察觉顾客的喜好和不满，及时调整服务策略，提高顾客的满意度。而当顾客感受到企业真诚的关怀和努力时，他们也会更愿意选择企业的服务，并为企业的优质服务买单。

企业要想在服务上不断进步，就得站在顾客的角度，想顾客所想，急顾客所急。但是，换位思考这种能力说起来简单，可真去做并没有那么容易。当然，这种能力是能够通过训练不断提升的。按照以下几个步骤，便可以提升换位思考的能力。

第一步，当情绪不佳时，赶紧让自己停下来。在服务中，所面对的人千差万别，所面对的事林林总总，很难不出现负面情绪。比如，当遇到顾客的指责或刁难时，你的心里可能出现愤怒、抱怨等情绪，很想跟他发生争执。此时，你得赶紧让自己停下来，不要被负面情绪控制。胖东来是个零售企业，服务人员面对的就是顾客，如果类似这样的事情发生，他们针对此给出的处理方法就是赶紧暂停。比如，可以跟顾客说："不好意思，我暂时无法继续为您服务，换另外一位同事帮您解决问题。"然后迅速离开现场，让自己慢慢冷静。

第二步，站在对方的角度上，体会一下他的想法。让自己停下来，暂时离开是为了避免事态恶化，当你逐渐冷静下来后，尝试着站在顾客的位置，想一想他为什么会大发雷霆。在一个胖东来的投诉案例中，顾客因为折扣商品和等待时间等问题，与服务人员发生了争执。事后，当服务人员复盘事件时，他也体会到了顾客因为买一小盒水果而浪费几十分钟的不满的心情。当服务人员能思考总结到这种程度时，说明他已经有了换位思考的能力。

第三步，积极寻找解决方案。当你处在第一步时，内心应该是充满愤怒和委屈的，但走到第二步时，你的火气已经渐渐消了，因为你站在顾客的角度上，觉得他也没错，如果换作自己，不见得能把情绪控制得更好。此时，你已经可以进入第三步了，那就是积极寻找解决方案。就像敲鱼台的发明人阎顺铮一样，既然顾客有需求，那么我们就进行服务创新。所以，**优质的服务来自顾客的需求，更来自服务人员的换位思考。**

> **经营之道**

- 只有站在顾客的角度思考,我们才能更好地理解他们的需求和期待,从而提供更有价值、更优质的服务。
- 换位思考是一种重要的能力,但并不是人人都具有的,可以通过一些方法和实践,来逐渐培养自己的换位思考能力。

附录 1　胖东来大事记

1995 年，胖东来的前身——"望月楼胖子店"在许昌诞生。

于东来的哥哥于东明是个胖子，他较于东来更早开始从事零售生意，他的店铺名称是"胖子店"。于东来走上零售业之路就是在哥哥的带领下，后来，于东来自己开店，便延续了"胖子店"的名号。只是在前面加上了地名。

1996 年，于东来等三人赶赴北京，给中国航天基金会捐款 2 万元，用以支持国防建设。后来，这一义举被中央电视台拍摄成纪录片《三兄弟的故事》。

1997 年，"望月楼胖子店"更名为"胖东来烟酒有限公司"。

于东来明明不胖,为什么公司名称还带胖?一是铭记哥哥的帮助,二是让老顾客容易辨识。

1998年3月15日,一场大火将初具规模的胖东来焚为灰烬。虽然一夜回到解放前,但顾客们的真情第一次让于东来感受到了"好好做生意"的回报。

1998年5月,胖东来望月店浴火重生。同年6月及9月,人民店、许扶店相继开业。

1999年,胖东来综合量贩开业,首次把"量贩"这一业态引入许昌。

所谓量贩就是指大型超市或批发市场,他们通常采用大规模采购的方式来降低成本,并将这些节省成本转移给消费者,以此吸引顾客。

1999年底,胖东来旗下所有连锁店同时推出"不满意就退货"的服务。

2000年初,胖东来面包房开业。胖东来的第一种自营商品诞生。

附录 1
胖东来大事记

胖东来的自营品牌就是胖东来自己设计、筹划、运营的商品品牌，直至今日，胖东来已经有很多自营商品，如大月饼、茶叶、啤酒等。

2000年3月，胖东来开始实行股份制。

2002年初，胖东来生活广场开业，是当时许昌最大的综合性超市，包含购物、休闲、餐饮和娱乐。

2005年，新乡胖东来百货开业，这是胖东来首次走出许昌。

10年后，经历了闭店风波后，新乡胖东来百货更名为胖东来（大胖），于2016年重新开业。目前，新乡有胖东来百货（大胖）和胖东来生活广场（小胖）两家店。

2008年，胖东来着手制定岗位实操手册。

2012年，胖东来开始执行周二闭店，同时春节期间休假5天的政策。这一政策中间有过调整，但后续继续执行。

2019年，胖东来确定企业信仰为：自由、爱。

2023年，胖东来天使城开业，它是胖东来旗下第一个购物中心，涵盖购物、美食、娱乐、文化、休闲、体验于一体。

胖东来生活广场

胖东来天使城

附录 2　胖东来独家服务秘诀

秘诀一：成为商品专家

胖东来的商品与其他商超的商品看似相同，却有着极大不同，因为它们都有自己的"小标签"，上面标注着商品的特点、口感、甜度、吃法等。以苹果为例，虽说外形差不多，但口感却相差不少，胖东来为了方便顾客选购，特意制作出苹果提示牌，比如蓬莱苹果的特点是"皮薄多汁，甜酸爽口，含糖量高"，阿克苏苹果的特点是"果肉细腻，肉质色泽略黄，甘甜味厚，酥脆爽口"，而黄金帅苹果的特点则为"肉质细腻味甜，鲜食口感爽脆，贮藏后食用口感绵甜"。

也许会有人说，这还不简单嘛，百度百科全能解决。但国内那么多家超市，能提供这种服务的又有多少家呢？虽说百度一下全知道，但胖东来的百科跟网上的百科也不同。他们的一位员工在工作笔记中写道："专业能力，不是死记硬背不灵活的百科，而是因为喜欢去主动了解商品的季节性、上市时间、口感、食用方法、营养价值、加工方法等，专心地了解后再分享给顾客。"所以，胖东来的提示不是简单的知识堆砌，而是商品专家的特别供给。

秘诀二：急购热线

在胖东来，如果你想要的东西他们店里没有，可你又特别需要，那么，你可以拨打急购热线。据说，他们为顾客提供的"最贵"的商品，可是坐着飞机回来的。急购的本身一方面是解了顾客的燃眉之急，给顾客帮了大忙，另一方面则是脚踏实地地践行了为顾客服务这一商业信条。

秘诀三：周到的细节性服务

给顾客提供棉手套，给视力不佳者提供放大镜，给不同顾客提供不一样的购物车……这些细致入微的服务已经被广大顾客口口相传。但是还有很多细微周到的服务，比如在胖东来的卫生间内，顾客一抬头就会看到门板上的温馨提示："为了您的身体健康，在您（特别是低血糖、高血压、贫血等症状）如厕时注意轻蹲、慢起。当您感到不适时，请及时联系我们的工作人员，我们将随时为您服务。"上面除了留有值班人员的电话外，还在提示上方安装了一个小小的报警器，并在旁边做出了特别标注：如需要帮助，请按此按钮。

有过发病经历的人都知道，类似低血糖、贫血等引发的眩晕是急症，当患者意识到要发病时，根本来不及拨打电话。那么在胖东来，洗手间门内的报警按钮就是"救命"的法宝。虽然这种服务可能很少被用到，看似有点多余，但以防万一有人需要，实际上是那么贴心。如果没有设身处地地为每一个人着想，设想到每一种情况，便无法提供出这些服务项目。

秘诀四：不占顾客一分便宜

在胖东来买虾，挑好后并不会给你直接称重，还有一道多余的服务，那就是从袋子的一角剪开一个小口，放出里面多余的水，然后再上秤称量。用他们自己的话讲：我们只卖海鲜不卖水。与这项服务具有异曲同工之妙的就是开榴梿，顾客想买榴梿，先不用急着付钱，我帮你打开，让你看到里面果肉的情况，当你满意了，再去付款。通过这两项服务，胖东来想表达的是，我们诚信经营，不会占顾客一分钱便宜。

秘诀五：胖东来的便宜让顾客占个够

说完了不占顾客一分钱便宜后，我们再来看看大气的胖东来是怎么让顾客占自己便宜的。如果顾客对购买的东西不满意，可以无条件退换货，即便吃一半或都吃完了，也能退。如果去胖东来影院看电影，看完了觉得不好看，退一半钱，因为另外一半钱是交给院线的，胖东来无权干涉。顾客在胖东来买的衣服，可以享受免费熨烫、裁边的服务。顾客到胖东来购物，车坏了，可以免费享受修车服务。如果顾客是带着宠物去的，胖东来给你提供冬不冷、夏不热的宠物寄存服务。不仅让

胖东来，你学不来

胖东来的
便民服务处

胖东来的
便民净饮机

胖东来的
宠物寄存服务

顾客自己体验到优质服务,也能让宠物们体验到优质服务。

这些无条件退换货、退款以及免费服务的背后,是胖东来的又一个服务秘诀,那就是让顾客大大方方来占便宜。相比较其他商家占便宜没够、吃亏难受的经营思路,胖东来反其道而行之,他们觉得越让顾客占便宜,顾客越愿意再次光顾,顾客占得便宜越多,与企业的情感连接越紧密。

秘诀六:只要投诉就给奖励

胖东来有个投诉奖励,如果顾客对产品或服务不满意,直接打电话或去投诉平台上留言,就可以得到500元。与其他企业特别害怕顾客投诉不同,胖东来特别喜欢投诉。因为只有顾客投诉,才知道问题在哪儿,才能有针对性地去改。他们认为,投诉是对企业的有效监督,顾客监督企业修正问题,企业才能越来越好。可见,投诉奖励这项服务,一方面解决了顾客的困惑,一方面又帮企业完善了自我,在双赢的情况下,给些奖励是不为过的。

秘诀七:果蔬按新鲜程度折价卖

在一般的超市中,果蔬的新鲜程度是按天算,或什么也不算,仅凭肉眼看。只要销售人员把蔬菜水果中坏的、烂的挑出去,就还当作新鲜果蔬出售。可在胖东来,蔬菜水果等易变质的商品是按小时进行打折销售的。比如,2小时是几折,4小时是几折,以此类推,时间越久,折扣越低。胖东来这样做的目的是让顾客更直观地了解商品的状态，保证顾客们各取所需。

秘诀八：现场操作，让服务被看见

在胖东来的果蔬加工区、食品加工区等处，顾客是可以透过玻璃窗看到服务人员的一举一动的。比如在加工西瓜切块时，选取哪些部分，丢弃哪些部分，顾客可以看得一清二楚，这种被看到的服务更加能给顾客安全感，因为人们都信奉眼见为实。透明服务一方面可以让顾客亲眼看见加工过程，进而对胖东来的产品质量更放心，另一方面也是对服务人员的监督，促使他们进一步提升服务质量。

秘诀九：时刻保证干净整洁

胖东来给大多数顾客的第一印象，就是干净整洁。超市或商场的任何一个角落，都光亮如新。之所以能做到这种程度，来源于企业制度的要求，在胖东来工作的员工，只要没有接待顾客，就要拿起手边的抹布进行清洁，擦台面、擦商品，既要保证环境清洁，也要保证商品清洁。因为对于他们而言，一个干净舒适的环境就是给顾客最好的服务。

秘诀十：顾客不是上帝

在以往的服务理念中，认为顾客是上帝，顾客提出的一切需求都要想办法满足。这其实是不合理的，因为服务的本质是在满足顾客需求的同时，实现企业和顾客的双赢。双方是站

附录 2
胖东来独家服务秘诀

在平等地位上的提供服务与被服务的关系，没有高低贵贱的分别。

从上层管理者到底层服务者，胖东来没有把顾客当成上帝，顾客跟自己一样，都是普通人。所以，你在胖东来看不到那种迎来送往的卑躬屈膝，也看不到露几颗牙齿才算标准的假笑。胖东来的一切服务都发自内心，都是为了满足顾客的实际需求。

如果说前面九条服务秘诀都是方法，停留在"术"的层面，那么最后一条则上升到"道"的层面。因为这要求企业先要做到尊重人性，给足员工尊严与关怀，他们才能将自己所感受的真诚传递给顾客。一旦员工对服务的认识提升了，那么他们的服务方式也会跟着发生改变和创新。虽然，胖东来的服务秘诀都值得学习，但最后一点是重中之重，因为"术"上的所有创新都源自"道"的升华。